세상을 유혹한 종말론

고대부터 현대까지, 시한부 종말론자들의 연대기

정윤석 지음

세상을 유혹한 종말론

고대부터 현대까지, 시한부 종말론자들의 연대기

발행일	초판 1쇄 2024년 10월 28일
저자	정윤석
북디자인	최주호(makesoul2@naver.com)
교정지원	최지윤 (seenstory@naver. com)
유통사	하늘유통(031-947-7777)
펴낸곳	기독교포털뉴스
신고번호	제 2016-000058호(2011년 10월 6일)
주소	우 16954 경기도 용인시 기흥구 흥덕2로87번길 18 (이씨티)
	이씨티빌딩 B동 4층 479호
전화	010-4879-8651
가격	13,000원
이메일	unique44@naver.com
홈페이지	www.kportalnews.co.kr

ISBN   979-11-90229-34-0 03230

Ἀποκάλυψις

고대부터 현대까지,
시한부 종말론자들의
연대기

세상을 유혹한

종말론

정윤석 지음

디지털 세상 건강한 신앙의 바로미터
기독교포털뉴스

목차

여는 글

　'휴거', '적그리스도', '짐승의 표 666' 등 세상이 곧 끝 날 것만 같은 이야기가 교회 안에 흘러넘쳤다. 영화 상영 도, 문학의 밤 연극도, 사람들의 대화 주제도 '세상 끝', '적 그리스도', '휴거', '7년대환난', '세계 단일정부' 등과 관련 한 무시무시한 이야기였다. 필자가 고등학생 때, 1980년 대 중후반 정도의 이야기다. 같이 장로교회를 다니면서도 시한부 종말론에 깊게 심취한 후배가 있었다. 그는 필자에 게 "형, 우리가 보는 마지막 월드컵이 될 수도 있어요."라며 1990년 이탈리아 월드컵을 앞두고 비장하게 말했다. 그의 비장함과 치열함에 비하면 내 신앙은 정말 뜨뜻미적지근하 고 보잘것없이 보였다.

　1992년 10월 28일 세상 종말설은 이단 사이비로 분류한 다미선교회의 이야기에 그치지 않는다. 당시 많은 교회가 혹세무민의 종말론 선동에 직간접적으로 관여돼 있었다. 그래서 교회마다 연극, 영화, 책을 돌려보며 피안의 세계로 떠날 준비를 하거나, 휴거 소동에 비상한 관심을 기울였다. 이제 그 소동이 일어난 지 30년도 더 지났다. 과연 한국교회, 그리스도인들은 종말론과 관련, 그때보다 나아졌을까?

필자에게 들어오는 상담 중 많은 수는 세상 종말을 주장하며 안데스 산맥으로 7년 대환난을 피해 한국을 떠난다는 가족들의 이야기, 피지가 도피처라며 이주한 신도들 이야기, 한국에 전쟁이 난다며 중앙아시아의 어떤 도시로 도주한 사람의 이야기 등 종말론 문제였다. 게다가 중동은 일촉즉발의 상황이다. 우크라이나·러시아 전쟁도 터졌다. 튀르키예 대지진이 일어났다. 코로나 팬데믹으로 전 세계가 한번 홍역을 치렀다. 전쟁과 전쟁, 난리와 난리 소문으로 세상이 시끌벅적하다. 그렇다. 세상은 지금 종말론 이야기로 다시 들끓을 조짐이다.

이런 때일수록 건강한 종말론이 우리 마음에 자리 잡아야 한다. 이를 위해 조금이라도 도움이 될만한 글이 필요하다는 생각에 펜을 들었다. 아무쪼록 독자들이 마음 편하게 역사 속의 종말론 이야기에 동참하며 관찰자로서 종말 사건을 들여다 보면 좋겠다. 종말론 이야기를 읽으면서 인간에게 가장 소중한 가치가 무엇일지 과연 가슴 따스한 결론에 도달할 수 있을까. 그게 이 책을 집필한 가장 중요한 동기다.

종말론은 종교인뿐 아니라 과학자, 탐험가, 주식투자자, 예언자에 이르기까지 매우 많은 사람들이 관심을 갖는 주제다. 『군중의 망상』(2023, 서울: 포레스트)은 세계사에 나타난 종말론의 광기를 그린 책이다. 흥미롭게도 저자 윌리엄 번스타인은 신경의학자이자 주식 투자 전문가다. 그는 역사 속에서 사람의 호기심을 자극하는 가장 매혹적인 서사를 두 가지로 꼽는다.

하나는 '세상의 종말'에 관한 소문이고, 또 하나는 '힘들이지 않고 빠르게 부자가 되는 방법'이라고 소개한다.[1] 세상 종말에 대한 소식에 공포와 두려움을 갖고 인생을 바친 사람들이나 누구보다도 빨리 거대한 부를 쉽게 얻을 수 있다는 소문에 인생을 저당 잡힌 사람이나, 신경의학자인 필자에게는 그 '광기'의 측면에서 별반 다르지 않다고 본 거

---

1 William Bernstein, 『군중의 망상』, 노윤기 역 (서울: 포레스트, 2023), 11.

같다.

 하나는 신앙에 잇닿아 있다. 결국, 이 땅의 마지막과 내세에 대한 소망과 꿈을 그리는 사람들이다. 또 하나는 내세가 아닌 철저하게 이 세상에 뿌리를 내리고 누구보다도 땅에서 떵떵거리며 잘 살고 싶은 사람들이다. 상호 간 매우 거리가 먼 부류의 사람들일 듯하지만, 극과 극은 통한다. 번스타인은 이 두 부류의 대중을 '광기'라는 하나의 테마로 엮어냈다.

 실비아 브라운은 소위 말하는 '예언자'로 활동하는 사람이다. 신학자도 아닌 그녀가 쓴 책이 『종말론』(2010, 경기도: 위즈덤 하우스)이다. 아쉽게도 이 책에는 각주 하나 달리지 않고 참고문헌 하나도 소개하지 않았지만, 2천 년의 역사 속에 나타난 동서고금의 '종말론'을 한 두릅으로 꿰어내서 흥미롭다. 그녀가 이 책을 쓴 이유는 영매이자 예언가로 활동하는 것을 아는 대중들이 수없이 많은 질문, "세상이 언제 끝나느냐"라고 물었기 때문이다. 그에 대한 답변으로 정리한 책이 실비아 브라운의 『종말론』이다.

 전쟁, 질병, 전염병, 자연 재해는 인류 역사상 끊이지 않앉고, 앞으로도 계속 지속될 것이다. 문제는 그럴 때마다 극성을 피우는 게 '종말론'이다. 지금 우리는 전쟁과 전쟁, 난리와 난리의 소문이 유튜브라는 국경 없는 콘텐츠를 통해 삽시간에 퍼져가는 시대를 살고 있다. 사회적 분위기는 물론 콘텐츠까지, 사이비 종말론자들이 극성을 부리기 아주 쉬운 토양이 만들어지는 때다. 이러한 때 바른 종말론의 정리는 그 누구보다 그리스도인들이 먼저, 그 어떤 교리보다도 깊이 있게 다루고 정리해야 할 주제이다.

세상 끝과 관련한 종말론이 2천 년 역사 속에 누구에 의해 어떤 사회적 환경 속에서 어떤 서사로 사람들의 호기심을 자극하고 그들의 인생의 에너지를 빨아들였는지 서양편, 한국 편으로 나눠서 정리했다.

서양편에서는 기원후 150년 경의 몬타너스, 종말 날짜 계산의 원조 요아킴, 대항해 시대를 연 크리스토퍼 콜럼버스, 폭력적 종말론의 토마스 뮌처, 묵시문학에 심취했던 아이작 뉴턴, 1844년 미국에서 예수 재림을 외쳤던 윌리엄 밀러, 1914년을 종말 날짜로 주장했던 찰스 테이즈 러셀, 반드시 알아야 할 세대주의 종말론의 설계자 존넬슨 다비를 소개했다.

한국편에서는 자칭 새시대의 심판자라던 남방여왕, 한국형 '한 때 두 때 반 때' 종말론의 원조 한에녹, 지구 최후의 날을 예언한 유재열, 1987년 역사의 완성이 이뤄진다던 이만희, 1988년, 1999년, 2012년 종말을 외쳤던 안상홍 증인회, 1992년 10월 28일 종말을 주장했던 이장림을 정리해서 소개했다.

이 글에선 세상 끝과 관련한 소문을 퍼뜨린 사람들을 시대별로 나열했기 때문에 각각의 종말론자들이 내세운 이론에 대한 변증과 반박은 가급적 하지 않았다. 그런 변증이 없어도, 모종의 효과가 있을 것을 기대한다. 세상을 유혹한 종말 사건을 통해, 그리고 그 광기에 파묻힌 사람들의 모습을 통해 '세상 끝'과 관련해서 우리는 어떤 생각을 해야 할 것인지 균형 감각을 키울 수 있으리라는 점이다. "A의 문제점은 이것이다!"라고 콕 짚어서 얘기하지 않지만, '세상 끝'에 대해 건강하게 고민하고 결론을 내려간다면 필자는 더할 나위 없이 기쁠 것이다.

더불어 여기 소개한 인물 중에는 '종말론', '광기'로는 설명되지 않는 매우 존경받는 인물들도 더러 있다. 대표적인 인물이 요아킴과 아이작 뉴턴, 크리스토퍼 콜럼버스 등일 것이다. 그러나 종말론의 관점에서만 엮다 보니 여타 논란의 인물들, 사이비 교주들과 함께 다루게 됐다는 점을 이해하고 단편적 시선으로 그들을 바라보지 않길 바란다. 또한, 세대주의 종말론은 공포와 두려움의 종말론을 확산시켰지만 마지막 때의 긴박성을 강조하며 세계복음화에 앞장선 긍정적 측면도 적지 않다. 세대주의 종말론이 아니었다면 대한민국의 복음화는 그만큼 늦어졌을 수도 있다. 이렇듯 필자가 말하지 않은 다른 영역에서의 공을 깎아내리지 않으면서 시대의 자녀로서 그들의 한계를 품고 이해의 폭을 넓혀가시면 좋겠다.

2024. 가을
정윤석

이 책은 종말론을 주제로
먼저 고민을 하고 글을 썼던
모든 분들을 향한 저의 오마주입니다.

I. 들어가는 말

　유통업을 하는 김진한 씨(가명)의 아내가 2000년이면 세상에 종말이 온다는 신흥 종파에 빠진 것은 1999년도였다. 이때부터 아내는 철저하게 가정생활을 외면했다. 구원의 진리를 발견했다는 생각 때문이었는지 신흥종파에 있는 어린이집에 아이들을 온종일 맡기고 아침부터 오후까지 계속되는 포교 활동에 전념했다. 가정은 점점 엉망이 돼갔다. 퇴근하고 집에 오면 아내는 보이지 않고 두 자녀만 김 씨를 맞는 경우가 허다했다. 신흥종파가 주장하는 종말론에 심취한 아내는 지구의 종말을 대비해야 한다며 컵라면, 초콜릿, 부탄가스, 침낭 등이 담긴 물품박스를 40~50만 원 어치나 구입했다.

　어느 날은 김 씨가 퇴근해서 집에 들어갔을 때였다. 아내가 프라이팬에 누룽지를 열심히 만들고 있었다. 무슨 일로 누룽지를 만드느냐고 묻자 그녀는 "종말이 오면 식품을 살 수가 없으니 나중에 물로 끓여 먹을 식량을 준비하는 것" 이라고 답했다. 그렇게 만든 누룽지가 한 자루였다. 아내의 종교생활은 이렇게나 남달랐다.

남편은 아내에게 "2000년이 돼도 지구가 멸망하지 않으면 반드시 그 종교 단체를 나와야 한다"라는 약속을 받았다. 2000년 1월 1일 자정이 됐다. 세상은 고요했다. 아내는 불안해 했다. 그러다가 아침 일찍부터 누군가와 통화하더니 나갔다 집에 들어왔다. 집에 들어온 그녀는 남편을 향해 흥분된 목소리로 외쳤다. "여보, 기쁜 소식이에요. 하나님께서 한 사람이라도 더 구원에 이르게 하려고 지구 멸망의 때를 연기하셨대요."[1]

1967년의 일이다. 장막성전의 교주가 무슨 신이 났는지 "됐어!"라고 소리치며 마당 밖으로 뛰쳐나왔다. 당시 6일 전쟁, 3차 중동전쟁이 발발했고 이것이 세계 3차대전으로 이어질 수 있다는 소식이 라디오를 통해서 흘러나왔다. 전쟁이 난 게 뭐 그리 좋은 일이었을까?

---

1 정윤석, "이단에 짓밟힌 가정 어디서 되찾나" [온라인자료] https://www.kportal-news.co.kr/news/articleView.html?idxno=4108 2023년 12월 11일 검색

장막성전의 교주가 전쟁 소식에 쾌재를 부른 것은, 1969년 11월 1일 세상이 불바다가 되고 끝날 것이라고 자신이 예언했기 때문이다.[2](종말 날짜와 관련, 장막성전 생활을 한 김대원은 필자와의 인터뷰에서 유재열은 세상 끝나는 날을 정확하게 1966년 3월 14일을 기점으로 3년 반이 지난 1969년 9월 14일이라고 말했다고 주장했다).[3] 그 종말의 날, 자신을 믿고 따르는 자 14만 4천 명만 구원받는다고 호언장담을 하니 따르는 자가 4천 명에 이르렀다고 한다. 자신이 종말을 예언한 시기가 돼 갈 때쯤 제3차 중동전쟁이 터지고 세계에 전운이 감돌았으니 신났던 모양이다. 그는 중동전쟁 덕에 자신이 내세운 종말론 비즈니스가 대성공으로 갈 거라고 판단했을 것이다.

사이비 종말론[4]에 속은 사람과 피해자 가정, 그리고 종말론을 이용하는 사이비 교주에 관한 단편적 사례를 기록해 봤다. 사례는 한두 건에 그치지 않는다. 2천 년 기독교 역

---

2 탁명환, 『한국의 신흥종교: 기독교편 3권』 (서울: 국종출판사, 1979), 57.

3 정윤석, "신천지의 실상, 장막성전의 실체는 영적 사기극", [온라인자료] https://www.kportalnews.co.kr/news/articleView.html?idxno=13892 2023년 12월 11일 검색

4 종말론은 통상 개인과 역사의 종말로 나뉘는데 이 글에서 '종말론'은 그리스도의 재림으로 세상이 끝나는 '역사적 종말'을 의미하는 단어로 사용했다. 따라서 이 책에서 '사이비 종말론'이라 함은 개인적 연구를 통해 그리스도께서 금지한 '그 날과 그 시'를 특정해서 혹세무민한 사건을 의미한다.

사 속에서 종말론은 끊이지 않고 함께 호흡해 왔다고 해도 과언이 아니다. 우리가 잘 아는 아이작 뉴턴도 만유인력의 법칙을 발견한 자연 과학자로서 존경받을 만한 위인이지만 다니엘서와 요한계시록에 심취해 예수 재림이 일어날 시간을 계산해 내는데 열중했다.[5] 그가 생각한 종말의 날짜는 2060년이었다. 탐험가 콜럼버스도 아메리카 대륙을 발견한 1492년도에서 세계의 종말이 대략 155년 뒤에는 온다고 봤던 종말론자였다.[6]

또다른 종말론자들은 누가 있을까. 먼저 서양편을 알아보고 한국 편까지 정리해보겠다.

---

5 Eugen Weber, 『세계사에 나타난 종말의 역사』, 김희정 역 (서울: 도서출판 예문, 1999), 148.
6 위의 책, 246.

1막
•
서양편

Ⅱ. 종말론의 연대기

1막·서양편

  사이비 종말론은 서양의 경우 2세기 몬타너스에서 시작한다. 몬타너스 이후 200년부터 1200년대까지 시한부 종말론으로 세상을 뒤흔들 정도로 부각되는 사건은 눈에 띄지 않는다. 그러나 1200년대부터 특정 날짜를 못 박는 종말론이 부각되는데 그 중심인물은 '삼시대론'의 창시자 피오레의 요아킴이라 할 수 있다. 그는 종말론에 있어서 폭력적 종말론자 16세기의 토마스 뮌처에게 영향을 미쳤을 뿐 아니라 진보적 역사관도 내세워 헤겔에게까지 영향을 미친 매우 중대한 인물이다. 요아킴은 대항해 시대를 열며 백투 예루살렘을 꿈꾼 크리스토퍼 콜럼버스, 폭력적 종말론의 시초 토마스 뮌처 등 종말론자들에게 지대한 영향을 끼친다. 그 후 존넬슨 다비에 의해 정리된 세대주의 종말론은 미국으로 건너가 미국의 대중문화와 정치권으로 스며 들었으며 그 와중에 윌리엄 밀러, 찰스 러셀 등 이단의 시발점에 선 사람들이 종말의 날짜를 못 박아 주장하며 사회 물의를 빚는다. 그 종말의 연대기, 서양편부터 살펴보자.

1. 직통계시 시한부 종말의 원조, 이방 사제 출신 몬타너스 (156년경~170년경 활동)

"라라스라, 카라스라, 와리카라 스라, 라라스라코리스라."

사도 요한의 계시록에 등장하는 소아시아(지금의 튀르키예)의 페푸자라는 지역에 몬타너스라는 인물이 방언을 하고 예언을 한다는 소문이 들려왔다.[1] 그의 방언에는 힘이 넘쳤다. 어떤 영적 존재가 강력하게 임재한 상태에서 하나님의 음성을 직접 들었다고 했고 예언도 잘 해줬다. 몬타너스는 혼자가 아니였다. 우의정 좌의정처럼 프리스킬라와 멕시밀라라는 두 여성이 늘 동행했다.

페푸자 인근의 교인들은 몬타너스를 찾아가 신앙적 고민을 털어 놓았다. 때로 몬타너스가, 때로는 옆에 있던 두 명의 여사제들이 그 자리에서 바로 하나님께 기도를 한 후 음성을 들었다며 예언을 해줬다.

"사랑하는 딸아(혹은 아들아). 네가 감당 못할 짐을 지고

---

1 임경근, 『109편의 스토리를 따라 세계교회사 걷기』 (서울: 두란노, 2019), 40-41 참고.

교회사 최초의 이단 몬타너스는 신비체험을 강조한 종말론자였다. (그림: 아이굿뉴스)

가고 있구나. 내가 너를 사랑한다. 네 짐을 내게 맡기고 내 안에서 안식하고 평안을 누려라!"

그의 어법은 간접 화법이 아니라 하나님이 직접 말을 전달하는 듯한 직접 화법이었다.[2] 듣는 이마다 하나님의 음성을 직접 경청한 듯 짜릿했을 것이다. 이 신박한 소문이 지역 교회로 퍼져나가기 시작한다.

교회에선 하나님의 말씀이라며 사도들에게서 전달된 서신을 돌려가며 읽었다. 일부 신도들은 그렇게 서신을 돌려

---

2 라이온사 편, 『교회사핸드북』, 송광택 역 (서울: 생명의말씀사, 1997), 74.

읽는 교회보다 막 쪄낸 찐빵같이 따끈따끈한, 하나님의 직접적인 음성을 듣고 계시를 받았다는 몬타너스에 호기심이 더 생겼을 법하다. 수많은 그리스도인이라는 사람들이 몬타너스에게 몰려가기 시작했다. 오죽하면 아시아의 몇 동네는 예수 믿는 사람들을 다 빼앗기게 됐다고 탄식을 뱉어낼 정도였다.[3] 심지어 테르툴리아누스라는 교부 시대의 유명한 변증가가 몬타너스주의에 빠지기도 한다.[4]

몬타너스의 말을 믿고 따르는 이들이 점점 많아지는 가운데 그는 폭탄선언을 한다. 요한복음 14장에서 예언한 진리의 성령 보혜사가 곧 자신이라는 것이었다. 그리고 요한계시록 21장에서 말씀한 새예루살렘은 지구의 복잡한 곳을 피하여 페푸자라는 작은 촌락 가까운 들판에 2세기 후반에 임할 것이라고 예언한다.[5]

사람들이 '이건 좀 심하다'라고 생각하며 몬타너스를 떠

---

3 John William Charles Wand, 『교회사』, 이장식 역 (서울: 대한기독교서회, 1960), 81.

4 T.D. Barnes, Tertullian: A Historical and Literary Study, New York: Oxford University Press 1971, 93에서 장재명, 신학전망, '몬타누스주의와 테르툴리아누스주의', 광주가톨릭대학교신학연구소, 2019. 203 재인용.

5 Eugen Weber, 『세계사에 나타난 종말의 역사』, 72.

나려 하면 저주의식을 심어줬다. 기존 교회에는 성령이 떠났고 자신들만이 이 시대의 진정한 교회라고 한 것이다. 몬타너스의 교회를 떠나면 구원을 받지 못하고 하나님의 심판을 받을 것이라고 하니 그를 떠나려 하던 사람들은 주저할 수밖에 없었다. 결국 수많은 그리스도인들이 재산을 정리하고, 몬타너스의 폐무자로 몰려 들었다. 그들은 함께 모여 기도하며 환상을 보고 예언을 듣거나 받았으며 거룩한 삶을 위해 금식을 하는 등 철저한 금욕생활을 마다하지 않았다.[6]

그토록 기다리는 재림은 이뤄지지 않고 몬타너스는 물론 프리스킬라, 맥시밀라가 차례대로 죽으면서 이들은 세력을 잃고 역사 속에서 사라져간다. 그러나 그 후계자들은 간판과 이름을 바꿔 달며 이후로도 지속적으로 나타난다.

몬타너스의 과거 이력은 뭐였을까? 그는 이방신 '큐렐'(키빌레라고도 한다)의 사제 출신이었다. 교회로 들어왔지만 이방신을 섬길 때 행했던 접신, 황홀경(신과의 접촉을 통해 희열에 빠지는 특수한 상태를 의미한다), 환상, 점치듯 예

---

6 Norman Rufus Colin Cohn, 『천년왕국운동사』, 김승환 역 (서울: 한국신학연구소, 1993), 27.

언하는 관습을 그대로 기독교안으로 끌고 들어왔다.[7] 문제는 이방신을 섬기던 현상이 교회 안에서도 통했다는 것이다. 프리스킬라, 멕시밀라 또한 황홀경 가운데 예언을 하며 구약의 미리암, 드보라를 잇는 참예언자로 행세했다. 이 여인들은 귀족 가문 출신으로서 몬타너스를 만난 후 남편을 버리고 출가한 것으로 알려졌다. 세상 종말이 온다며, 신도들에게 철저한 금욕생활을 강조했던 이 둘은 돈과 선물을 즐겨 받았고 머리를 염색했으며 눈화장을 짙게 하고 사치를 사랑했고 이윤을 목적으로 돈을 빌려주는 이자 놀음을 했다.[8]

몬타너스가 섬겼던 큐렐은?

그리스 로마 신화에 등장하는 여신. 이름의 뜻은 '높은 산의 어머니'. 아나톨리아 중부 프리기아 지방에서 숭배받던 지모신이자 죽음과 재생의 여신으로, 프리기아에서 숭배받던 신격들 중 후대에까지 명확하게 이름을 남긴 유일한 신이다. 로마 제국에서는 아우구스투스의 지원에 힘입어 큐

---

7 John William Charles Wand, 『교회사』, 81과 Norman Rufus Colin Cohn, 『천년 왕국운동사』 27 이후부터 나오는 내용을 필자의 말로 각색했다.

8 에우세비우스, 『교회사』, 5,18,7.11에서 장재명, 신학전망, '몬타누스주의와 테르툴리아누스주의', 광주가톨릭대학교신학연구소, 2019. 210 재인용

터키 북부 오르드주에서 2016년 발굴된 큐렐 여신상 (출처: https://m.blog.naver.com/chan-woolee/221394480702

렐에 대한 숭배가 크게 확산되었다.

　로마의 시인 카탈루스가 지은 시 중에 이 큐렐의 교단에 들어가고 싶어하던 그리스인 청년의 이야기가 있다. 교단에 들어가면서 입단 의식으로 무슨 최면에 취해서 난동을 부리며 놀다가 돌로 자신의 성기를 찍어버렸다는 내용이다.[9] 히에로니무스는 자신의 『서간집』에서 몬타너스를 '거세한 반인'이었다고 편지에 적고 있다. 프리기아 지방의 큐렐 신을 섬기는 사제들은 모두 거세를 했다. 큐렐 신을 섬기는 제의 형식은 황홀경 속에서 이루어지는 것으로 유명했

9 인터넷 나무위키, 키빌레, https://namu.wiki/
　w/%ED%82%A4%EB%B2%A8%EB%A0%88, 2023. 12. 27 검색

는데 몬타너스는 이 방식을 버리지 못했을 것으로 보인다.[10]

몬타너스와 시대 상황

몬타너스가 활동하던 150년~170년 경은 로마의 마르쿠스 아우렐리우스(Marcus Aurelius, 121~180) 집권 시기였다. 그는 철인황제(哲人皇帝)로 불렸다. '명상록'을 후대에 남기며 스토아학파의 철학자로도 분류된다. 선정을 베푼 현제로서 동시대 사람들의 존경과 사랑을 받았다.[11]

철인황제의 집권 시에도 제국은 내우외환에 시달렸다. 역병이 끊이질 않았다. 천연두, 홍역으로 추측되는 역병이 돌며 400만 명의 시민이 목숨을 잃었다.[12] 메소포타미아에 주둔하던 파르티아 군대와도 161년부터 165년, 4년 동안 격전을 치러야 했다. 파르티아 전쟁을 위해 군사력이 동방

---

10 W.M. Green, "Glossolalia in the Second Century", Restoration Quarterly 16, 1973, 231에서 장재명, 신학전망, '몬타누스주의와 테르툴리아누스주의', 광주가톨릭대학교신학연구소, 2019. 209 재인용

11 나무위키, 마르쿠스 아우렐리우스, 2023. 12. 19일 검색 https://namu.wiki/w/%EB%A7%88%EB%A5%B4%EC%BF%A0%EC%8A%A4%20%EC%95%84%EC%9A%B0%EB%A0%90%EB%A6%AC%EC%9A%B0%EC%8A%A4

12 나무위키, 마르쿠스 아우렐리우스 항목

에 집중되던 중 대규모의 게르만족이 로마 제국을 침략해 왔다. 이를 1차 마르코만니 전쟁(166~180년)이라고 한다. 그들은 잔인한 약탈을 하며 이탈리아 북부까지 쳐들어왔다. 161년 가을 혹은 162년 봄에 테베레강이 범람하여 제방을 덮쳤고, 로마의 대부분을 침수시켰다.[13]

제국엔 홍수, 기근, 야만족의 침입으로 혼란이 가중됐다.[14] 마르쿠스 아우렐리우스는 중요한 행사를 치를 때에는 이방 신들에게 희생 제사를 드렸다. 통치 시기에 전쟁, 홍수, 전염병 등 여러 재해가 뒤따르자 그는 기독교인들 때문에 신들이 노하여 이런 재앙이 로마에 임했다고 믿었다. 그는 기독교인들을 잡아들여 심한 고문을 가하여 신앙을 포기하도록 만들었다. 특히 핍박받는 그리스도인들은 가난에 시달릴 수밖에 없었다. 이러한 때 몬타너스의 종말론은 일부 그리스도인들의 마음을 사로잡기에 부족하지 않았을 것이다.

---

13 Gregory S. Aldrete, Floods of the Tiber in ancient Rome (Baltimore: Johns Hopkins University Press, 2007), pp. 30-31에서 나무위키 마르쿠스 아우렐리우스 항목 인용, 2023. 12. 19일 검색 https://namu.wiki/w/%EB%A7%88%EB%A5%B4%EC%BF%A0%EC%8A%A4%20%EC%95%84%EC%9A%B0%EB%A0%90%EB%A6%AC%EC%9A%B0%EC%8A%A4

14 이상규, "극심한 사회적 빈곤 속 '신비적 이단 은사'에 몰입", https://www.igood-news.net/news/articleView.html?idxno=70246 2023년 12월 11일 검색

마르쿠스 아우렐리우스 기마상 (사진: pixa bay 무료 사진)

　몬타너스 이후 1천여 년간 종말론으로 세상을 공포에 빠지게 한 인물이나 사건이 크게 부각되지 않는다. 그 이유에 대해 윌리엄 번스타인은 아우구스티누스의 공으로 돌린다.[15] 아우구스티누스는 세상의 남은 나날을 계산하고 준비하는 것은 헛된 일이라며 그것에 대한 지식은 우리의 것이 아니라 하나님의 것임을 분명히 했다.[16] 아우구스티누스가

15　William Bernstein, 『군중의 망상』, 65

16　Saint Augustine, The City Against the Pagans ⅩⅦ:53, http://www.loeb-classics.com/view/augustine-city_god_pagans/1957/pb_LCL416.79.xml, accessed March 12, 2016, and City of God ⅩⅧ:30;and Alison McQueen, Political Realism in Apocalypic Times(Cambridge, UK: Cambridge University Press, 2018), 50에서 William Bernstein, 『군중의 망상』, 65 재인용.

요한계시록 20장의 '천 년'의 시간을 '상징적'으로 해석한
것도 한몫했을 것이다.

  그렇다고 중세시대에 종말론자가 아예 나타나지 않은 것
은 아니다. 투르의 그레고리우스 주교는 인류가 숨쉬고 기
도할 것을 허락받은 날은 799년에서 806년 사이에 끝날
것이라고 생각했다.[17] 989년에는 헬리혜성이 하늘에 나타
나 종말이 시작된다는 루머가 떠돌았다. 992년에는 세상
종말이 3년 밖에 남지 않았다는 말이 유행했다. 수도사 라
울 글라베르는 1000년에 종말이 온다고 했 으나 그날 아무
일도 일어나지 않자 예수 그리스도의 생애를 계산에 넣지
않았다는 주장을 받아들여 다시 1033년을 종말의 때로 계
산하기도 했다. 해프닝으로 끝난 종말론에 철학과 신학, 신
비적 체험을 결합시킨 인물 요아킴이 등장한다. 그는 1260
년, 새로운 성령의 시대가 도래한다고 예언한 사람이고 이
후 현세적 천년왕국 운동을 실천한 사람들에게 지대한 영
향을 끼친 사상가이자, 신비가였다.

---

17 Eugen Weber, 『세계사에 나타난 종말의 역사』, 79.

몬타너스~피오레의 요아킴까지의 종말론 도표[18]

인물	종말 추산 연도와 시대배경 주장 등
몬타너스	170년경. 마르쿠스 아우렐리우스, 파르티아 전쟁, 게르만족과의 전쟁, 로마 홍수 등
다수의 기독교인들 "드디어 심판의 날 이 다가왔다" 주장	410년경. 알라리크왕이 이끄는 고트족의 로마 점령[19]
리에바나의 대수도 원장 베아투스	793년 부활절 전날 밤 종말
투르의 그레고리	799~806년 사이 종말
프랑스의 수도사이 자 역사가 라울 그 라베르	1000년, 종말 예언 실패. 사람들은 예수 그리스도 의 부활까지의 연도를 합산해서 1033년으로 변경 했으나 역시 실패. 전염병, 대기근 유행
시토회의 사제 피오 레의 요아킴	1260년 적그리스도의 통치가 끝나고 영의 시대, 영원한 복음의 시대가 도래한다고 주장[20]

---

18 Eugen Weber, 79~96 요약
19 Eugen Weber, 60
20 Eugen Weber, 86

2. '종말 날짜 계산'의 원조, 시토회의 사제 피오레의 요아킴(Joachim of Fiore, 1145~1202)

제 3차 십자군 전쟁을 지휘하던, 사자왕으로 유명한 리차드는 궁금한 게 있었다. 지금 이방인들에게 찬탈당한 예루살렘의 운명은 어떻게 될 것인지, 그리고 요한계시록 17장 10절[21]에 나타난 이미 넘어진 다섯 왕은 누구이고, 아직 살아 있는 여섯째 왕은 누구이며 마지막 하나가 누구인지였다. 그래서 시토회의 사제이자 '아빠스'(라틴어의 아버지, 수도회의 원장, 영적 아버지, 원로, 사부의 의미로 통용된다)로 불리던 피오레의 요아킴을 불러서 물었다. 청산유수 같은 답변이 나왔다. 다섯 왕은 이미 몰락한 헤롯(Herod), 네로(Nero), 콘스탄티우스아리아누스(ConstantiusArrianus), 마호메트(Mahomet) 또는 페르시아왕 코스드로에(Cosdroe), 그리고 메세모투스(MesemothusorRexBabilon), 지금 있는 왕은 살라딘이고, 마지막 왕은 로마시에서 태어나 본 모습을 숨기다가 교황의 자리에 오르게

---

21 "지혜 있는 뜻이 여기 있으니 그 일곱 머리는 여자가 앉은 일곱 산이요 또 일곱 왕이라 다섯은 망하였고 하나는 있고 다른 하나는 아직 이르지 아니하였으나 이르면 반드시 잠시 동안 머무르리라 전에 있었다가 지금 없어진 짐승은 여덟째 왕이니 일곱 중에 속한 자라 그가 멸망으로 들어가리라"(계 17:9~10).

될 것이라는 해석이
었다.[22]

사자왕 리차드조
차 계시록이 궁금할
때 불렀던 사람이 당
시 요한계시록의 해
석자로 이름을 날린
요아킴이었다.

요아킴은 누구였
을까? 그는 공증인
아버지에게서 태어
나 가업을 이을 사람

시토회의 사제 요아킴 (Joachim of Fiore in a 15th c. woodcut, holding a book titled Apocalypsis Jesu Christi. Source: theologyandapocalyptic.files. wordpress.com)

으로 기대를 받았었다. 아버지의 영향으로 요아킴은 궁정
교육을 받았고 라틴어는 물론 당시 지식인들이 익혔던 그
리스어도 공부했다. 그런데 젊은 시절의 여행이 그의 인생
을 바꿔 놓았다. 1157년 요아킴이 예루살렘 성지를 순례하
는데 예수 그리스도께서 변화를 체험한 소위 '변화산'이 위

22 김영한, "서양의 종말론적 예언과 현실정치", 『한국사론』 36호 (경기도: 국사편찬위원
회, 2002), 197.

치한 타볼산에서 환상을 체험한다.[23] 이를 통해 인생을 그리스도께 바치기로 헌신한 요아킴은 수도사 생활을 시작한다. 공증인 아빠는 그를 만류한다.

"아들아, 이것이 내가 너를 교육시켜 궁정에 출사시킨 대가란 말이냐?" 이에 대해 요아킴은 "아버지께서는 저를 궁정으로 인도하셨습니다. 그러나 저는 아버지가 찬미하시는 하늘에 계신 왕께 봉사하기로 결심했습니다. 언제인가 제 뜻을 이해하실 날이 있을 것입니다." 답변한 뒤 간곡히 만류하는 부친의 손을 뿌리치고 떠나갔다.[24]

수도사 생활을 시작한 요아킴에게는 신비체험이 많았다. 오순절날 아침 묵상을 할 때였다. 갑작스레 광명이 비치더니 부활하신 유다지파의 사자, 부활하신 예수 그리스도가 자신의 눈을 밝혀줬다고 한다. 그러면서 구약과 신약이 일치됐고 그동안 봉인됐던 계시록이 열린 책으로 만들어지고 수수께끼가 풀려가기 시작했고, 성경의 모든 비밀이 명료

---

23 명형진, "구원역사와 종말이해: 피오레의 요아킴 사상을 중심으로", 『가톨릭신학』 35호 (대구: 가톨릭신학학회, 2019), 100. 종종 예루살렘을 여행하다가 자신에게 신의 계시가 내렸다고 체험하는 현상을 '예루살렘신드롬'이라고 한다.
24 김영한, "서양의 종말론적 예언과 현실정치", 193.

하게 다가왔다고 한다.[25]

그가 얻었다는 깨달음 중 삼시대론이라는 게 있다. 구약은 성부시대, 신약은 성자시대, 그 후는 성령 시대라는 것이었다. 그는 성부시대는 예속과 공포, 율법의 시대, 성자시대는 복음의 시대, 성령의 시대는 영원한 복음의 시대라고 구분했다.[26] 그에게 있어서 성자 복음의 시대는 완성된 시대가 아니었으며, 성령의 시대야말로 가장 완벽하고 거룩하고, 사람들이 천사처럼 사는 시대였다.

또한 그는 구약은 예수께서 탄생하셨을 때까지이고 예수의 시대는 1260년까지라고 믿었다. 그는 42라는 숫자에 집착했다. 아브라함부터 예수까지 42대인데 한 세대를 30년으로 계산, 기원후 1260년(42×30)을 성자의 시대가 끝나고 성령의 시대가 열리며 영원한 복음의 시대로 접어들어가는 날이라고 예언했다.[27] 그리고 요아킴은 성경은 영적인 사람에 의해 해석돼야 하는데 자신이 바로 그런 사명을

---

25 정홍열, "요아킴의 성령론적 종말론 연구", 『한국조직신학논총』 제43집 (충남: 한국조직신학회, 2015), 183.

26 김장진, "종교개혁자들의 사색적 종말론과 다른 칼빈의 종말론", [온라인 자료] https://kirs.kr/data/theology/reformw025.pdf 2023년 12월 11일 검색.

27 Norman Rufus Colin Cohn, 『천년왕국운동사』, 142.

가진 엘리야 같은 사명을 가진 사람이라고 주장했다. 그러나 요아킴은 자신이 주장한 영원한 복음의 시대를 보지 못하고 1202년 사망한다. 1260년을 성령의 시대가 열리는 때로 예언했으나 그것은 공수표가 되고 말았다. 요아킴의 추종자들에게 요아킴의 죽음은 곧 구세주의 상실처럼 여겨지기까지 했다.[28]

요아킴과 시대 상황

전쟁, 역병, 천재지변은 세상 끝에 대한 공포감을 극대화한다. 거대한 전쟁의 소용돌이가 요아킴의 시대에도 함께했다. 이슬람이 힘을 확산하는 시기였다. 시아파 수니파를 결속하며 위대한 지도자로 떠오른 살라딘(1137~1193)이 1187년 예루살렘을 정복했다.

서방세계는 십자군 전쟁(1095~1291)을 통해 예루살렘을 되찾아야 하고 그곳을 지원하는 사람마다 모든 죄에서 속죄함을 얻고 조상들도 구원 얻는다며 십자군 지원을 선동하던 시대였다.[29] 이슬람 세력에 정복당한 예루살렘과 그

---

28 Norman Rufus Colin Cohn, 『천년왕국운동사』, 146.
29 이형기, 『역사 속의 종말론』 (서울: 대한기독교서회, 2004), 151.

2차 십자군 전쟁을 묘사한 그림. 이슬람군의 말발굽 아래 사람들이 피를 흘리고 있다.

곳의 회복을 명분으로 일으킨 십자군 전쟁은 요아킴의 임
박한 종말 의식에 영향을 주었을 것이다.[30] 당시 십자군 3
차 전쟁은 중세를 살아가는 거의 모든 국가가 참여한 가장
거대한 전쟁으로 남았다. 십자군 전쟁은 요아킴 사후 거의
90년간 더 진행되다가 막을 내린다.

　요아킴이 성령의 시대, 영원한 복음의 시대로 예언한
1260년이 오기까지 세계에는 무슨 일이 발생했을까? 이
슬람의 중흥과 더불어 몽골의 칭기스칸(1162~1227)이 인

30　이형기, 『역사 속의 종말론』, 151.

류 역사상 최대의 대제국을 건설하며 세계의 패권자로 급부상했다. 그가 서방세계를 침략할 때 공성전을 벌였다. 이때 투석기에 돌 대신 유행병으로 사망한 병사들을 던졌다고 한다. 중세판 '화학전'인 셈인데 이 때문에 흑사병이 시작됐다는 설도 있다.

북아프리카의 노예들로 구성된 이슬람 정예군 맘루크와 몽골군은 지금의 이스라엘과 시리아 지역에서 1260년 9월~12월까지 치열한 전쟁을 치렀다. 맘루크와의 전쟁에서 몽골이 패하며 세력 확장에 제동이 걸린다. 이상기후와 자연재해로 인한 기근도 심각했다.

"기근은 일시적으로 특정 지역에서만 발생했었다. 그런데 중세 때만큼은 그렇지 않았다. 최초로 유럽 전역에 영구적인 현상으로 기아가 발생한 것이 바로 중세였다. 영국에도, 독일에도, 프랑스에도 거리마다 온통 야윈 얼굴들뿐이었다. 동유럽 사람들은 거의 굶다시피 했다. 한곳에서 기아가 물어갔나 싶으면, 인근 지역으로 옮겨가 한동안 지옥불처럼 활활 타올랐다가 본래의 지역으로 되돌아가곤 했다. 독일은 12세기에 길고도 끔찍한 기근을 다섯 차례나 겪었으며, 13세기에는 영국에서 눈깜짝할 사이의 평화에 이어 백 년에 걸친 기아와의 전쟁을 치렀다. 유럽의 삶은 병든 육체처럼 연속적으로 심한 발작을 한 뒤 회복의 기미가 보이는가 싶으면 다시 재발하곤 하는 것이었다."[31]

요아킴이 영원한 복음의 시대로 들어간다는 그때도 전쟁과 기근과 난리와 난리 소문은 끊이지 않았다. 그는 사라졌지만 삼시대론과 종말 계산법, 진보적 역사관, 요한계시록과 다니엘서 해석법은 후대의 종말론자들에게 절대적인 영향을 미친다. 그의 사후 특히 14세기에 들어서면서 유럽인구의 1/3을 사망하게 하고, 적게는 7천 500만 명에서 많게는 2억 명이 사망했다는 흑사병이 대창궐한다.[32]

역병, 전쟁, 기근이 끊이지 않자 자신이 사는 시대를 종말의 때라고 생각하는 사람들이 지속해서 나왔다. 산상수훈의 교훈들을 타협 없이 실현해야 한다는 과격파 종말론자들, '요아킴은 세례요한, 성프란체스코는 새그리스도'라고까지 봤던 13~14세기의 일부 프란체스코주의자들, 신곡을 쓴 단테, 급진적이고 폭력적 종말론으로 농민전쟁을 일

---

31 하인리히 E, 야곱, 『빵의 역사』, 곽명단·임지원역 (서울: 우물이 있는 집, 2005), 242-243.

32 Will Dunham, "Black death 'discriminated' between victims", ABC Science, 2024.1.3. 검색

으킨 토마스 뮌처와 멜키오르 호프만, 18~19세기 복음주의 부흥운동 전통의 천년왕국론으로 이어지기까지 요아킴이 끼친 영향은 매우 컸다.[33]

요아킴의 예언 중 하나는 인류 구원 역사의 마지막 단계를 주도할 인물이 스페인에서 나온다는 것이었다.[34] 요아킴의 종말 예언에 심취해 이를 충실히 실행하며 종말론의 계보를 이어간 사람이 '대항해 시대'의 대명사 크리스토퍼 콜럼버스다.

---

33 이형기, 『역사속의 종말론』, 166, 171–172.
34 주경철, 『크리스토퍼 콜럼버스』 (서울: 서울대학교출판문화원, 2013), 269.

요아킴 이후 나타난 종말론자들

프랑스의 프란치스코 회 수도사 페트로스 올리비[35](1248~1298)	적그리스도가 1300~1340년 출현, 세상이 성령의 시대로 접어든 뒤 곡과 마곡의 심판 후 2000년에 세상 종말. 문자 그대로의 청빈을 주장하며 이후 프란체스코회의 소종파인 급진적 형제회에 영향.
이탈리아 노바라의 프라 돌치노(Fra his Dolcino of Novara, 1250~1307)[36]	1307년 종교재판소에서 화형 당하며 3년 반 안에 적그리스도 등장, 자신은 죽은 뒤 부활하여 교회를 정화할 것이라고 주장. 트렌트의 마르게리타 보닌세냐라는 연인이자 영적 자매와 함께 살았는데 소문난 미녀로 알려짐. 그녀도 화형당했는데 당시 귀족들이 '이단 사상 버리고 결혼하자'고 권할 정도.
프랑스의 장 드 로크타일라드(1310~1366)	Vade Mecum in Tribulatione(시련으로의 안내)라는 책에서 1366년 적그리스도의 출현, 1369년~1370년에 천 년 동안의 안식이 시작될 것이라고 예언[37]

---

35 Eugen Weber, 87.
36 https://academic-accelerator.com/encyclopedia/kr/dulcinians, 2024.1.18. 검색
37 Eugen Weber, 89.

도 미 니 크 파 의 성 빈센트 페레 (1357~1419)[38]	De Fine Mundi(세상의 종말)이란 책을 통해 적그리스도와 최후 심판 예언으로 사람들을 벌벌 떨게 만들었다. 페레는 스스로는 '묵시록의 천사'라고 불렀으며 적그리스도는 이미 태어났고 곧 하늘에서 성 미카엘과 죽음의 전투를 벌일 것이라고 예언했다. 이 종말의 때에 몇 안되는 믿음을 가진 자들만이 구원을 받을 것이라고 했다. [39]
이탈리아 피렌체의 지롤라모 사보나롤라 (1452~1498)	1492년, 로마에 끔찍한 고난이 닥쳐올 것이라고 예언, 1493년 새로운 고레스(이스라엘의 성전 재건을 명한 페르시아의 왕)가 심판의 칼을 휘두를 것이라고 예언해 피렌체를 공포에 떨게 했다. 프랑스의 왕 샤를 8세가 이탈리아를 침입하며 유력한 메디치 가문이 피렌체에서 도망가자 사보나롤라의 예언이 성취된 것처럼 보이며 그가 피렌체의 리더로 급부상하기도 한다. 그는 한때 메디치 가문을 대신해 피렌체를 다스렸으나 정치적 한계를 드러내며 거짓 예언자로 몰렸고 1489년 화형당한다.[40]

38 Eugen Weber, 89.
39 Eugen Weber, 89.
40 Eugen Weber, 95, https://blog.naver.com/chanwoolee/221481005271 2024.1.20. 검색

3. '백투예루살렘'의 사명자 – 크리스토퍼 콜럼버스(1450년~1506년)[41]

콜럼버스 일행이 마지막 항해를 마치고 자메이카 인근에서 스페인으로 귀환하려던 1504년 9월, 바닷가에서 폭풍을 만난다. 당시 배는 오로지 바람의 방향과 해류를 따라 흘러가는 범선이었다. 바다는 밤이 되면 불빛 하나 볼 수 없는 캄캄칠흑이었다. 바다는 공포 그 자체로 바뀌고 있었다.[42]

"하늘에 구름이 가득하고 그 구름이 시계 반대 방향으로 점차 빨리 돌면서 엄청난 폭풍우가 몰아쳤다. 바닷물이 하늘로 딸려 올라갔고 그 앞면에 있는 것을 모두 날려 버렸다. 그가 탄 배는 거의 기능을 하지 못하는 상태에서 조류에 밀려 카리브해 쪽으로 하염없이 밀려갔다. 대양 한복판에서 조난 당했으니 생명이 위태로운 지경이었다."[43]

이때, 탐험가로 알려진 콜럼버스가 상상치 못할 행동을 한다. 그는 애굽의 군대와 홍해를 앞에 둔 절체 절명의 순

---

41 주경철의 『크리스토퍼 콜럼버스』 (서울: 서울대학교출판문화원, 2013)를 다수 인용함
42 주경철, 6.
43 주경철, 277-278.

크리스토퍼 콜럼버스

간에 맞닥뜨린 모세처럼[44] 폭풍우가 휘몰아치는 카리브해
를 향해 우뚝 섰다. 콜럼버스는 오른손으로 칼을 잡고 왼손
으로는 성경을 들었다. 그는 예수께서 갈릴리 바다를 잠잠
케 한 요한복음 6장의 말씀을 읽고는 칼로 십자가를 그리
고 그 다음에 선단을 감싸는 큰 원을 그렸다. 그러자 신기하
게도 폭풍우가 지나쳤고 배는 아무런 해를 입지 않았다.[45]

---

44 주경철은 콜럼버스의 행위를 '무당'과 같은 모습이었다고 썼다. 하지만 콜럼버스는 자
    신이 이스라엘을 홍해에서 구해낸 모세, 갈릴리 바다를 잠재운 예수 그리스도를 연상하
    며 그 행위를 했을 것이다.

45 West, Delno C. and August Kiling, 1991. The Libro de las profecias of Chris-
    topher Columbus. Gainsville; Universty of Florida Press에서 주경철, 278 재인
    용 참고.

콜럼버스를 둘러싼 신비한 일은 여기서 그치지 않는다. 콜럼버스가 자메이카 동쪽 끝을 탐험할 때의 일이다. 콜럼버스는 굶주림에 시달리다 그곳에서 만난 원주민들을 협박해 식량을 빼앗는다.[46] 반항하려는 그들에게 콜럼버스는 하나님의 자손인 자신들에게 복종하지 않으면 달이 사라질 것이라고 말한다. 그 약탈 사건이 발생할 즈음인 1504년 2월 29일에 실제로 월식이 일어난다.[47] 달이 가려지는 예언이 이뤄짐으로 콜럼버스는 원주민들에게 신의 자손으로 여겨지며 두려움의 대상이 됐다.

탐험가로 알려진 콜럼버스는 이처럼 종교성이 강한 사람이었다. 그가 무모하리만치 탐험과 항해를 해나간 동력이 그의 독특한 세계관, 특히 종말론에 있다고 본 학자도 있을 정도다.[48] 그는 4차 항해를 앞두고 자신의 행위가 앞으로 큰 빛을 발할 것이라는 신의 말씀을 들었노라고 후원자들에게 편지했다.[49] 그의 아들은 심지어 콜럼버스가 '탐험

---

46 콜럼버스가 원주민들을 상대로 벌인 약탈 행위는 본서의 주제와 맞지 않아 기록하지 않을 뿐 항해사들 사이에서도 악명이 높았다고 한다.

47 Varela, Consuelo. 2008. *Christopher Columbus and the Mystery of the bell of the Santa Maria. Vercelli:* Whitesalt Publisher에서 주경철, 276 재인용 글 참고

48 주경철, 8

49 주경철, 257.

가'이기보다 엄격한 '수도사'같다고 회상할 정도다.[50] 콜럼버스가 처음 발견한 섬도 현지인들은 '구아나아니'(이구아나라는 뜻)라 불렀지만 그는 '구세주'라는 의미의 '산살바도르'(San Salavador)로 이름 지었다.[51] 콜럼버스는 1495년 7월 31일에 섬 위에 세 개의 산이 나란히 서 있는 것을 발견한다. 그래서 이름한 것이 트리니나드(스페인어로 삼위일체)였다.[52]

특히 성경 말씀 "너희가 동방에서 여호와를 영화롭게 하며 바다 모든 섬에서 이스라엘 하나님 여호와의 이름을 영화롭게 할 것이라"(사 24:15), "왕의 배들이 후람의 종들과 함께 다시스로 다니며 그 배들이 삼 년에 걸쳐 일차씩 다시스의 금과 은과 상아와 원숭이와 공작을 실어옴이라"(대하 9:21)라는 구절이 자신의 탐험을 통해 성취된다고 믿었다.[53]

그의 신앙의 저변에는 '중세의 수도사 요아킴'이 자리한

---

50 주경철 286.
51 주경철 21.
52 주경철 239.
53 주경철 284.

콜럼버스 시대의 범선

다. 콜럼버스는 요아킴의, '스페인에서 하나님의 뜻을 이룰 사람이 나온다'는 예언에 깊이 심취했다.[54] 그가 살던 대항해의 시대, 그의 비전은 전세계로 나가 주의 복음을 전파하는 것이었다. 그 복음이 전파돼 예루살렘을 회복해야 그리스도의 나라가 임한다는 소망도 갖고 있었다. 따라서 그것을 막는 이방인들은 굴복시켜야 했고, 전쟁을 치르며 예루살렘을 회복하려면 군자금, 즉 '황금'이 필요했다.

---

54 주경철 269. 저자는 실제로 요아킴이 아니라 요아킴의 영향을 받은 사람들의 주장이라고도 설명한다.

콜럼버스가 대항해의 서막을 열며 신대륙에서 황금을 구하려 한 것은 그 종말 전쟁, 재림의 역사를 위해 반드시 갖춰야 할 조건이었다. 콜럼버스에게 대항해는 미지의 세계에 대한 호기심뿐 아니라 역사적 종말, 재림을 위한 조건을 채우기 위한 사명과도 같은 일이었다. 그래서 그는 도저히 불가능할 것만 같은 미지의 영역을 종말의 사명자의 심정으로 헤쳐가게 된 것이다.[55]

콜럼버스의 종말론 시나리오를 다시 정리하면 △(유럽인의 입장에서) 신대륙 발견 △모든 민족에 그리스도 전파 △신대륙에서 발견한 금은보화로 스페인 지원 △인류구원의 역사를 막는 적들은 십자군으로 응징 △예루살렘을 장악한 이슬람 세력을 압살하고 시온산에 성전 재건 △성전을 재건하면 그리스도께서 재림하고 세상은 에덴동산으로 회복한다는 것이었다. 새로운 세계는 자신이 살던 시대에서 150년을 넘지 못할 것이라고 봤다.[56]

하나님의 뜻을 이루겠다는 믿음으로 행한 그였지만 유럽인의 입장에서 신대륙의 사람들에 대한 폄하와 왜곡을 떨

---

55 주경철, 8, 10, 11, 31, 151, 152, 161, 254, 281.
56 West, 87에서 주경철, 281 재인용

치지는 못했다. 콜럼버스에게 있어서 신대륙의 원주민들은 자신들과 동일한 '하나님의 형상'을 가진 인간으로서 존엄한 존재들이 아니었다. 정복의 대상이었고 물건처럼 사고 팔 수 있는 존재들이었다. 수천 년 이어져 내려왔을, 원주민들이 거주하는 땅은, 콜럼버스가 깃발을 꽂기만 하면 빼앗을 수 있는 장소였다.[57]

콜럼버스는 또한 토마스 아퀴나스의 성경해석 방식인 콰드리가[58]를 따라 성경해석에 4단계가 있다고 봤다.[59] 문자적 – 알레고리적 – 도덕적 – 신비적 해석이었다. 예루살렘은 문자적으로는 실제 이스라엘의 수도, 알레고리적으로는 지상의 교회, 도덕적으로는 신자들의 영혼, 신비적으로는 천상의 도시, 곧 천국의 왕국을 의미한다.[60] 문자적 예루살렘을 이슬람이 장악한 것은 그에게 있어서 악, 사탄의 세력에 하나님의 도성을 찬탈당한 것과 다를 바 없었다. 예루살렘의 회복은 실제적 문자적 회복에서부터 시작돼야 했고 그것이 종말과 재림에 앞서 반드시 일어나야만 하는 일

---

57 주경철, 154.
58 네 필의 말이 끄는 황제가 타는 마차를 뜻하는 것으로서 '성경을 이해하는 4가지 방식'으로 알려졌다.
59 주경철 269 참고.
60 주경철 290.

이었다. 이 예루살렘 회복, 이스라엘의 회복은 십자군 전쟁에서도 표면에 드러났지만 콜럼버스의 대항해 시대에도 동인이 됐다.

콜럼버스는 자신을 스스로 세계의 비밀, 곧 종말의 시기를 파악하고 있다고 여겼다.[61] 콜럼버스는 알폰수 왕의 계산을 적용, 아담부터 예수 그리스도까지 5343년 318일이 지났다고 봤다.[62] 7천 년이 세상 마지막이라고 한다면 종말의 시기는 콜럼버스 자신이 살던 1501년을 기점으로 대략 150년 또는 155년이 남았다고 계산했다. 이 계산법을 따르면 서기 1656년 정도가 그가 생각한 종말의 연도였다.[63]

콜럼버스와 시대 상황

15세기 말엽은 전환기의 시대였다. 국가적으로는 콜럼

---

61 주경철, 293.

62 west, 24에서 주경철 294 재인용. 알폰수 10세는 현재 스페인이 위치한 이베리아 반도를 다스렸던 왕으로서 아랍계 학자인 아르자헬의 관찰에 근거해 계산을 했다. 콜럼버스는 종말 날짜 계산을 하며 점성술을 적용했다는 게 west의 해설이라고 주경철이 소개한다. 당시 중세~근세인들의 관점에서 이슬람을 적그리스도라고 한다면 결국 이 날짜 계산은 자신들이 적그리스도로 여기는 아랍 출생 학자의 점성술과 아라비아 숫자를 이용해 계산해낸 것이다.

63 주경철, 294에는 콜럼버스가 세상 종말이 150년 남았다 생각했다고 전한다. 종말 연도를 1656년으로 기록한 것을 보면 대략 종말의 해를 1501년을 기점으로 150년~155년으로 계산한 듯하다.

버스를 지원했던 스페인이 이베리아반도에서 이슬람 세력을 몰아내고 국권을 회복했다. 이베리아반도는 718년부터 1492년까지 약 700여 년에 걸쳐 이슬람 세력의 지배를 받았다. 에스파냐(지금의 스페인) 연합군이 1492년 이슬람의 마지막 점령지인 그라나다에서 승리함으로 국권회복운동, 일명 '헤콩키스타'(영어: reconquest)가 마무리된다.[64] 헤콩키스타를 성공으로 이끈 이사벨 여왕이 콜럼버스를 지원한다.

스페인의 지원을 받은 콜럼버스가 금광을 찾는다며 아시아를 향해 간다. 그런데 지중해로 가지 않고 북대서양으로 향한 이유는 당시 지중해의 패권을 장악한 베네치아와 오스만 투르크 제국을 피하기 위해서였다. 콜럼버스의 시대는 여전히 이슬람이 예루살렘을 장악한 때다. 헤콩키스타의 성공으로 이슬람 세력을 이베리아 반도에서 몰아낸 스페인과 그 정치권은 콜럼버스의 입장에서, 종말론적 관점에서 봤을 때 적그리스도의 세력을 물리치고 예루살렘을 회복하며 그리스도의 재림을 준비할 가장 유력한 국가로 보였을 수도 있다.

---

64 크리스토퍼 콜럼버스, 나무위키 2024.1.6. 검색,

신앙적으로는 중세 가톨릭을 개혁하기 위한 종교개혁의 움직임이 꿈틀대던 시대다. 콜럼버스의 사후이지만 1517년 독일에서 목숨을 건 종교개혁이 불길처럼 일어난다. 사회적으로는 이탈리아를 중심으로 인간성 해방을 위한 문예부흥, 르네상스의 시대였다. 모든 사회적, 역사적 분위기가 새시대로 전환해가는 분위기였다. 이때야말로 이슬람을 몰아내고 예루살렘을 기독교인들이 회복시키면 그리스도께서 재림하고 세상은 에덴동산으로 들어간다는 생각이 콜럼버스를 지배했다. 그는 '백투 예루살렘'의 진정한 원조인 셈이다.

콜럼버스의 교환[65]

대항해 시대를 연 콜럼버스로 인해 유럽과 남미 간 농수산, 생산물의 교환이 이뤄진다. 이를 '콜럼버스의 교환'이라 한다. 농수산, 생산물, 특산품뿐 아니라 역병도 교환이 일어난다. 아메리카에서 유럽으로 매독이, 유럽에서 아메리카로 천연두가 전파된다. 이중 매독의 경우 인간의 성적 욕망에서 비롯된 것이었다. 후천성 매독은 성접촉을 통해

---

65 벌거벗은세계사, https://www.youtube.com/watch?v=7aE-PrO_0k7U&t=3160s, 2024.4.1. 검색

감염되는 경우가 90% 이상이다. 매독이 아메리카에 생기게 된 이유 중 '라마'라는 초식동물에서 비롯됐다는 설이 있는데 이는 당시 아메리카에서 라마를 키우던 목동들이 장기간 목초지를 찾아 헤매는 과정 중에 성적 욕망을 풀지 못했고 이를 채우기 위해 암컷 라마와 접촉하면서 생긴 질병이라는 설도 있다.

이 매독균을 가진 보균자들과 대항해 시대의 항해사들이 다수 접촉하며 매독이 유럽으로 건너가게 됐다는 것이다. 콜럼버스의 항해에 동행한 한 의사의 주장에 따르면 콜럼버스 제독이 신대륙의 어떤 섬에 머무는 동안 주민들과 관계를 가졌고 그 섬을 발견하고 돌아온 후 매독이 퍼졌다는 설이 있다. 이후 매독이 전 유럽으로 급속도로 퍼진다. 매독에 걸린 유명인사들이 적지 않다. 교황 율리우스 2세, 프랑스의 소설가 모파상, 화가 빈센트 반 고흐(그의 정신착란이 매독에 의한 것이라고 추정함), 에두아르 마네, 슈베르트, 니체(매독이 아니라 뇌종양이라는 설도 있다) 등이 대표적 인물이다.[66]

---

66 강석기, "미·일 매독 환자 급증", 한겨레신문 https://www.hani.co.kr/arti/opinion/column/1128168.html, 2024.4.1. 검색

대항해 시대, 유럽 대륙의 가축, 포도, 사탕수수, 바나나, 올리브는 물론 치명적 역병인 천연두가 아메리카로 이동한다. 반면 담배, 고구마, 콩, 고추, 감자, 카카오와 성병인 매독이 유럽으로 이동한다. 이를 '콜럼버스의 교환'이라고 한다 (사진 pixbay 무료 이미지).

아즈테카의 대학살, 신의 심판일까 인간의 탐욕일까

잘린 머리가 신전 계단에서 통통 굴러 떨어진다. 목이 달아난 시신도 피를 뿜어내며 계단에서 데굴데굴 떨어져 내려왔다. 사람들은 자신들이 믿는 신이 사람의 피를 좋아하고 신전 계단이 피로 얼룩져야 신이 기뻐한다고 믿었다. 그래서 신전을 피로 새빨갛게 물들였다. 시체가 바닥까지 굴러 떨어지면 신전 밑에서 원주민들은 사체에서 뿜어져 나온 피를 손가락에 찍어 온몸에 바르며 피의 축제를 열었다. 시체 썩는 냄새가 주변에 진동했지만 아랑곳하지 않고 인육을 먹기도 했다.

콜럼버스가 열어간 대항해의 시대, 마야, 잉카 문명은 물론 아즈테카 왕국(1440~1521)에도 몸서리쳐질 정도의 악습이 자리잡았다. 사람을 발가벗겨 제물로 바치는 인신제사와 신에게 바쳐 죽은 사람을 잡아먹는 식인풍습이 그것이었다. 고대 아즈테가인들은 세상 종말을 피하고자 제물을 바쳐야 한다고 믿었다.

"그 제물은 바로 산 사람의 막 꺼낸 심장에서 나오는 붉은 피, 아즈텍인은 전쟁에서 잡은 포로를 신에게 바침으로써 신들의 생명을 유지시킨다는 사명감으로 전쟁을 끊임없이 벌였다. 이렇게 아즈텍인이 신에게 바치기 위해 잡아 죽인 포로는 많게는 연간 2만여 명에 달했다."[67]

이런 악습이 적나라하게 등장하는 영화가 멜깁슨 감독의 '아포칼립토'다. 이 영화에는 전쟁 포로를 신에게 드리는 참혹한 인신제사가 가감 없이 그려진다. 영화의 주인공은 인신제사의 제물로 희생되기 직전에 살아남는다. 세물로 바쳐지는 그 순간, 갑작스레 개기일식이 나타나자 사람들은 '세상의 종말'이 임한 것과 같은 두려움과 공포에 휩

---

67 임소미, 『요즘 어른을 위한 최소한의 세계사』 (서울: 빅피시, 2023), 25.

싸여 잠시 인신 제사를 멈춘다. 그러다가 일식 현상이 사라지고 태양이 나타나자 집례자는 제사를 중단하며 신의 저주와 노여움이 풀렸다고 선포한다. 아포칼립토의 주인공은 그렇게 살아남는다. 탐험가 콜럼버스가 원주민과의 일촉즉발의 상황에서 월식으로 목숨을 구했던 것과 비슷하다.

중앙아메리카의 맹주로 군림하던 아즈테카 왕국의 멸망은 다소 허무하게 찾아왔다. 스페인의 탐험가 코르테스가 히스파니올라섬, 유카탄 반도를 거쳐 아스테카 왕국으로 1519년 불쑥 찾아간다. 그의 목적은 단 하나, 황금이었다. 황금을 찾아 나선 침략자 코르테스는 아즈테카 국왕 '몬테수마 2세'의 환대를 받는다. 그 이유는 역시 종말 예언 때문이었다. 아즈테카의 몬테수마 2세는 신이 언젠가 금발에 턱수염을 기른 모습으로 돌아온다는 신화를 믿고 있었다. 그런데 코르테스가 딱 그 모양이었다. 게다가 코르테스가 탄 말은 아스테카 원주민들이 보기에 신의 형상과 다를 바가 없었다. 침략자로부터 나라를 보호해야 할 국왕이 자신들을 약탈하러 온 정복자들을 신의 아들로 맞이하게 된다. 결국 몬테수마 2세는 원주민들이 코르테스에게 대학살을 당할 때 함께 목숨을 잃는다.

남미 아즈테카, 마야 문명에서 인신공양하는 모습을 적나라하게 그린 영화 '아포칼립토'의 한 장면

한편, 아즈테카 문명이 총칼로만 하루아침에 전멸한 것
은 아니었다. 코르테스 등 유럽인은 원주민들에게 치명적
인 질병, 천연두를 갖고 온 것이다.[68] 유럽인들은 면역이 돼
있었지만, 아직 면역력을 갖지 못했던 원주민들에게는 그
것만큼 무서운 역병이 없었다. 그 천연두에 아즈테카, 마
야, 잉카 제국이 전멸하다시피한다. 일설에 따르면 대항해
시대인 16세기, 북미와 남미의 총인구는 5천만에서 1억
명 사이였다. 그러나 대항해가 진행된 1세기 동안 대학살
과 질병으로 원주민 수는 500만에서 600만 사이로 줄어든

68 임소미, 29 참고.

다.[69] 인구의 5~10%만이 살아남은 것이다.

코르테스를 비롯 라틴아메리카를 침략한 탐험가들은 원주민들과 머릿수로는 상대가 되지 않는 싸움을 종종 벌인다. 아즈테카 원주민 4천여 명이 스페인의 탐험가 200여 명과 전투를 벌이다가 몰살 당하기도 한다. 이때 스페인 사상자는 5명. 숫자는 월등했으나 전력은 스페인 탐험대와 아즈테카는 비교불가할 정도의 차이를 갖고 있었다. 무기 기술로 따지면 4천 년 정도 차이가 있을 정도였다.

아즈테카인들은 청동기나 신석기 시대 정도의 화력이었다는 것이다. '흑요석'이라는 돌을 들거나 흑요석을 앞에 매단 창을 들고 싸웠다. 창이나 몽둥이에 상어 이빨을 박아 만든 무기를 들기도 했다. 반면 스페인은 수많은 내전을 치르며 개발된 무기를 장착했다. '콩키스타르'라는 화승총, 소구경 대포는 불을 뿜을 때마다 원주민들에게 천둥같은 소리로 들려 공포감을 줬다. 원주민들이 가장 두려워했던 것은 강철로 제작한 '바스타드 소드'와 일명 삼총사의 검으로 불리던 래피어라는 검이었다. 특수강으로 제작한 갑옷

---

69 루이스H.라팜, 『종말의 역사』 정기문외 역 (서울: 청어람, 1999), 128.

과 투구로 중무장을 하고 말을 타고 전투를 벌이는 이들에게 흑요석같은 석기 시대의 무기로 대항한 원주민들은 때로 한 번에 10만여 명이 몰살당하기도 한다.[70]

이를 구약 성경에 나오는 진멸 전쟁으로 해석하는 경우도 있다. 인신공양 등 죄악이 관영한 아즈테카 문명에 대한 하나님의 심판이 아니냐는 시각이다. 그러나 이런 정복 과정을 직접 목격한 바르톨로메 데 라스 카사스(1474~1566)는 다른 생각을 갖고 있었다. 그는 콜럼버스의 2차 항해 때도 탐험에 동행했던 사람이다. 그는 아메리카 원주민들이 가장 개방적이고 순수한 사람들, 가장 건강하지 못하고 가난한 사람들, 물질적 부를 획득하려는 욕망도 없고 이승의 권력에 무관심한 사람들이라고 평가한다.[71] 이런 자를 향해 스페인 사람들은 양 떼를 닥치는 대로 먹어치우는 늑대처럼, 며칠 동안 고기 맛을 보지 못한 호랑이와 야생의 사자처럼 원주민들을 습격했고, 정복전쟁을 시작한 이후 40년 동안 줄잡아 1천 200만 명 이상을 죽음에 이르게 할 성도로 악마적 행위를 했다고 폭로했다.

---

70 유튜브 토크멘터리 전쟁사, 49부 스페인, 잉카 정복 전쟁, https://www.youtube.com/watch?v=vdOlt9SJa94 2024.4.22. 검색
71 루이스H.라팜, 128-129 요약.

그는 소위 기독교도들이 원주민을 대규모로 살상하고 없애버린 이유는 단순히 탐욕 때문이었고, 가능한 한 신속하게 금으로 주머니를 채우고 개인 재산을 모으기 위해서였다며 스페인 사람들이 원주민들에게 동물들에게 주었을 정도의 동정심만이라도 보여주기를 신께 빌었다고 고백한다. 바르톨로메 데 라스 카사스는 토착민들은 순진하게도 기독교도라는 유럽인들에게 대학살, 강탈, 폭력, 고문을 당하기 전까지, 모든 시련과 고난을 맛보기 전까지, 유럽인들이 하늘에서 내려온 자들이라고 믿었다고 안타까워했다.[72]

---

72 루이스H.라팜, 131-132 요약.

4. 폭력적 천년왕국론의 시초, 토마스 뮌처(1489?~ 1525)

전투 훈련을 거의 받지 않은 10만여 명의 독일 농민들은 벌벌 떨고 있었다. 그들 앞에는 교황이 고용한 백전불패의 용병들이 검과 화승총을 들고 피에 굶주린 듯 서 있었다. 이때 농민전쟁을 이끌던 토마스 뮌처가 분연히 외쳤다. 하나님은 기드온의 검으로 우리를 무장시켰고, 이 검이 있는 한 귀족이 돈을 주고 고용한 군대를 물리칠 수 있다는 것이었다. 리더의 담대한 메시지에 사기가 오른 농민들은 농민 반란을 진압하기 위해 나선 용병들과 맞서 싸웠다. 결과는 참혹했다. 전쟁 희생자의 90%가 뮌처를 따르는 농민이었고, 이들 대부분이 몰살 당했다.[73] 뮌처는 전장에서 탈출하다가 사로잡혔고 1525년 결국 참수형으로 생을 마감한다. 그는 평소 지구 종말을 예언했었다. 그 예언한 날짜가 되기도 전에 전쟁에서 참패하고 참수형을 당하던 그날 아침, 단두대에서 그는 과연 어떤 생각을 했을까?

---

73 Abraham Friesen, Thomas Muentzer, a Destroyer of the Godless(Berkeley: University of California Press, 1990), 261에서 윌리엄 번스타인, 『군중의 망상』 92. 재인용 참고

독일 농민 전쟁을 지도한 토마스 뮌처는 폭력을 동원한 급진적 천년왕국 종말론의 대명사다. 1517년 루터가 종교 개혁을 일으키며 내세운 기치 중 하나가 '오직 성경', '오직 믿음'이었다. 뮌처는 그게 좀 싱거웠다. 그에게 하나님은 문자가 아니라 꿈과 계시를 통해 말씀하는 분이었다. 특히 그는 마태복음 24장에서 예수님이 기근과 전염병과 전쟁과 지진이 확산되는 등 전 세계적인 재앙이 몰아칠 것이라는 예언에 깊은 인상을 받았고 마지막 때를 준비하고 묵시록을 실현하기 위해 자신과 추종자들을 부르셨다고 확신했다.[74] 또한 뮌처 자신은 새 시대의 다니엘이며 평신도 선지자들의 꿈이 성경해석보다 중요하다고 봤다. 심지어 구원과 성서는 무관하다고 할 정도였다.[75] 오직 믿음에 대해서도 그는 견해를 달리했다.

그의 특징은 이 땅 위에 메시아 왕국을 건설하기 위해서는 폭력 사용도 불사했고 임박한 종말론을 내세우며 기성 교회와 국가들을 적대 세력, 적그리스도로 악마화시켰다는 점이다. 특히 뮌처와 뮌처의 추종자들은 스스로를 '마지

---

74   위의 책, 91.
75   위의 책, 90.

막 시기에 주님이 사
용하는 도구'로 여겼
으며 당시 기성교회
는 모두 심판을 받아
멸망하고 자신들에
의해 이 땅에 메시아
왕국, 즉 천년왕국이
건설된다고 봤다.[76]

토마스 뮌처 초상. 크리스토펠 반 시켐의 1608년 판화

　　한 마디로, 오직 믿
음으로 받아들이는
하나님의 나라가 아니라 치열한 전투와 폭력 속에서 찾는
천년왕국이 뮌처에게 가장 중요한 가치였다.[77] 그의 종말
프로그램은 투르크족이 세계를 정복하고 그 속에서 적그리
스도가 나온 후, 선민들이 일어나 기성교회는 물론 모든 불
신자를 멸망시키고 그리스도의 재림이 오면 신실한 자들만
이 천년왕국에 들어가는 것이었다. 이때 선민들은 오직 성
경, 오직 믿음으로 구별된 자들이 아니라 하나님으로부터

76　이형기, 『역사 속의 종말론』, 196.
77　Norman Rufus Colin Cohn, 320.

꿈과 환상으로 직접 계시를 받고 유혈 투쟁을 두려워하지 않고 나설 자들이었다. 그는 천년왕국의 선행단계로서 대량학살에 관심을 뒀다는 것도 분명하다.[78] 그는 줄곧 구약의 대진멸 전쟁을 강조했고 엘리야가 바알 선지자들을 쳐 죽인 일, 예후가 아합의 아들을 죽인 일, 야엘이 잠자는 시스라를 암살한 사건을 강조해서 설명했다.

종교개혁자 루터는 이런 과격한 뮌처의 행동에 위협을 느꼈다. 루터는 적그리스도 세력이 아무리 강력해도 그것을 저항하는 방법은 바른 믿음과 복음의 전파라고 보았다. 안정적 복음 전파를 위해 사회 질서는 유지돼야 했다. 반면 뮌처는 불신 세력을 악마화했다. 따라서 그것에 폭력으로 저항하고 상대를 진멸시키는 것이 하나님의 뜻인 것처럼 여겼다. 뮌처가 보기에 사회 질서 유지를 필요로 하는 루터는 참된 종교개혁가가 아닐뿐더러 심지어 묵시문학의 짐승이나 바벨론의 음녀였다.[79]

뮌처는 자신이 살아 있는 당시에 하나님께서 모든 불경건

---

78 Norman Rufus Colin Cohn, 321. 326 참고.
79 Norman Rufus Colin Cohn, 331.

한 지배자들을 추방하고 자신의 추종자들이 지상의 왕국들을 다스릴 수 있다는 약속을 위로부터 받았다고 주장했다. 뮌처의 독일 농민전쟁이 1524년 발발했으니 장차 4년 이내에 이런 일이 일어날 것이라고 계산했다.[80]

전쟁 중에는 하나님이 직접 자신에게 승리를 약속했다고 선언했고 적군이 포탄을 쏘면 자기 외투 소맷자락으로 거두어들일 것이며, 마지막에는 하나님이 천지를 변화시켜 자기 백성을 멸망에서 구해낼 것이라고 선포했다. 막상 전쟁이 시작되자 농민들은 대포를 쏠 줄도 피할 줄도 몰랐고, 뮌처 자신도 그들을 지킬 수가 없었다. 농민들은 대포가 쏟아지던 그 순간에도 주님의 재림을 기다리듯 "성령이여, 오시옵소서"라고 찬양만 할 뿐이었다. 결과는 처참했을 뿐이다. 기병들이 덮치면서 농민둘은 혼비백산 도주하거나 전사했다.

주동자 뮌처는 탈출을 시도해 잠시 동안 프랑켄 하우젠의 한 지하실에 숨어 있다가 붙잡혀 교수형을 당한다. 하지만 그가 일으킨 폭력적 농민전쟁은 이후 피비린내 나는 폭

---

80 Norman Rufus Colin Cohn, 338.

독일농민전쟁 당시 상황을 상상해 그린 마틴 디스텔리(Martin Disteli)의 판화 작품

력적 종말론의 서막을 연 사건으로 기록된다.[81]

뮌스터는 왜 급진적 종말론의 성지가 됐나

토마스 뮌처가 뮐하우젠에서 농민전쟁을 일으킨 이후 독
일에는 급진적이고 폭력적 종말론이 종교개혁의 바람을 타
고 함께 유행한다. 여기엔 일명 재세례파로 불리는 이들이
중심이 된다. 종교개혁 시기에도 평화, 헌신, 제자도, 무소
유, 실천 등으로 이름을 알린 온건한 재세례파가 있는가 하
면 유혈 폭력을 동원해서라도 현세에 천년왕국을 실현하려

---

81 Norman Rufus Colin Cohn, 340-341, William Bernstein, 92.

는 과격한 재세례파[82]도 존재했다. 유혈 폭력도 서슴지 않았던 이들을 급진적 재세례파라고도 일컫는데 뮌처 이후 독일에선 과격한 재세례파들이 급진적 천년왕국 운동을 일으키며 문제를 일으킨다(이후 재세례파를 일컬을 땐, 과격파 재세례파를 의미한다: 편집자주). 이들 중 시한부 종말을 주장했던 이들은 누구였으며 특히 급진적 종말론자들이 독일 북부의 뮌스터를 중심으로 활동하게 된 이유가 무엇인지 살펴보겠다.

한스후트는 세상 종말을 1528년이라고 주장하며 아우크스부르크에서 활동하다가 1527년 사망한다.[83] 멜키오르 호프만은 요한계시록과 수비학(숫자의 비밀을 푸는 학문)에 깊게 몰두해 1533년을 종말과 재림의 때로 예언하며 스트라스부르에서 폭력적 종말 운동을 일으킨다. 그는 요한계시록의 7장에 근거, 14만 4천 명의 거룩한 주의 전사들이 모여 악한 세력의 포위 공격을 막아낼 곳이 바로 스트라

---

82 종종 기독교한국침례회가 재세례파의 후예로 오인되기도 하는데, 실제 한국의 정통 침례교는 재세례파가 아니라 영국의 분리주의 특수 침례교회의 후계자로 보는 견해가 더 주류 견해이다. 이를 일명 분리주의 후계자설이라고 하는데 16세기 종교개혁의 영향을 받은 영국의 신도들이 영국 국교회에서 분리돼서 나와 신자의 침례를 주장하고 유아세례를 반대하며 세운 런던침례교단이 현재의 침례교로 이어졌다는 것이다. 천로역정의 존 번연, 설교의 황태자 찰스 스펄전 등이 대표적인 침례교인이다.

83 Eugen Weber, 106.

스부르라고 주장하다가 투옥된다. 그는 세상의 종말이 임박했기 때문에 감옥에 오래 머물지 않을 것으로 생각하지만 결국 10년 이상을 감옥에서 보내다가 1543년 사망한다.[84] 호프만의 활동 이후 독일 북부 도시인 뮌스터[85]는 도시 자체가 급진적 재세례파들의 본거지가 돼 간다.

호프만도 한스후트도 스트라스부르와 아우크스부르크에서 활동하다가 투옥되는 등 핍박을 받는다. 자연히 종교적으로 관대한 도시 뮌스터가 재세례파들의 관심을 끈다.[86] 개신교와 가톨릭이 첨예하게 대립하던 때, 뮌스터는 상인 길드를 중심으로 로마교회에 반대하고 있었다. 뮌스터의 상인조합원들은 개혁파의 설교자를 도시로 불러 설교를 들었고, 이를 주교가 반대하자 일제히 들고 일어나 주교에게 무력으로 대항해 승리를 얻어낸다. 로마교회의 주교도 뮌스터를 어쩌지 못한 상태가 되자 박해를 받았던 재세례파 신도들이 유럽 각지에서 뮌스터로 몰려오게 된다. 불행하게도 뮌스터를 장악한 재세례파는 폭력적이고 급진적인 이

---

84 William Bernstein, 101-102.
85 독일의 북서쪽에 위치한 도시로서 네덜란드 국경과 약 70여 km로 마주한 지역이다.
86 William Bernstein, 102.

들이었다.[87]

  특히 맬키오르 호프만의 영향을 받은 얀 마티스와 그의
제자인 얀 보켈슨은 뮌스터에서 1534년 종말설을 퍼뜨리
며 악명을 떨친다. 하나님이 악인들을 벌하시기 위해 다시
오실 것이며, 소수 신도만이 살아남으리라 주장했고, 환난
으로부터 보호받고 구원을 얻을 수 있는 장소는 오직 새예
루살렘 뮌스터이며, 세상의 종말이 임박했다고 주장했다.[88]
이 소식을 들은 재세례파들이 뮌스터에 몰려들면서 루터파
보다 많아졌고, 심지어 시의회 의원선거에서 재세례파가
압도적인 지지로 선출되기까지 한다. 뮌스터에는 토착민보
다 이주민들이 더 많아졌고 마티스 등은 이곳에 공포정치
를 실행한다. △루터파와 가톨릭 신도 추방 △재세례를 받
지 않을 때 처형 △뮌스터를 떠난 사람들의 재산 몰수 △예
언자(얀 마티스, 얀 보켈슨 등)의 말을 거역하거나 반대하
면 공개처형 △그리스도인이라면 무소유 실천하고 모든 재
산 공유 △필요한 만큼 배급받아서 사는 공산사회 등을 실
현해갔다. 이런 소문이 돌면서 전 유럽의 집도 재산도 없는

---

87 뮌스터(Munster) 재세례파 천년왕국의 비극(1533~1535), https://m.cafe.daum.
     net/proviforum/CmhD/15?q=D_vj4HCsiJ7sUO& 카페 글 참고, 2024.4.25. 검색.
88 William Bernstein, 111-112.

수많은 사람이 사회 혁명에 관한 기대를 품고 뮌스터로 몰려온다. 이외에도 얀 마티스는 세상을 구원하도록 하나님의 선택을 받은 사람들은 무식한 자들이라며 오래된 도서관의 책과 원고를 찢고 불태우고 성서 이외의 모든 책을 보거나 소유하는 것을 금지하도록 했다.[89]

 뮌스터에서 독재 권력자로 급부상한 마티스는 적군을 무찌르러 나가라는 하나님의 음성을 들었다며, 부활절에 몇 명 만을 대동하고 적진으로 쳐들어갔다가 그대로 사망한다. 그 이후 뮌스터의 맹주는 보켈슨이 된다. 그는 더욱 공포정치를 펼치고 이중인격적 삶을 산다. 전재산을 바치는 것이 그리스도인의 표지라고 하면서 신도로부터 헌금을 받는다. 그렇게 모인 돈으로 자신과 자신을 따르는 추종자들이 호의호식했다. 신도에게는 철저한 금욕을 강요하며 살인뿐만 아니라 거짓말, 중상, 탐욕 등에 대해서도 사형죄를 적용했다. 불신자와의 결혼도 간음이라며 정죄하며 사형을 시켰으나 결국 보켈슨 자신이 일부다처를 실행해 신도의 불만을 샀다. 사형한 사람들의 시체는 길거리에 눈에 띄게 전시해 본보기를 보였다.

---

89 Norman Rufus Colin Cohn, 362-363.

보켈슨은 자신이 구약성서의 예언자들이 예언한 메시아이며, 장차 전 세계의 왕이 될 것이며, 자신을 따르는 사람들은 뭇 나라와 왕과 제후들을 지배하게 될 것이라고 주장했다. 주교의 군대가 1535년 뮌스터에 쳐들어올 때도 보켈슨은 이런 말로 뮌스터의 주민들을 안심시켰다. 주교의 군대가 고립책을 써서 뮌스터의 도시를 포위하자 극심한 굶주림이 뮌스터를 덮쳤다. 사람들은 모든 동물(개, 고양이, 생쥐, 토끼, 고슴도치) 등을 죽여 식량으로 삼았고 풀과 이끼, 헌신발과 벽의 도료, 죽은 사람의 시체를 먹는 지경에까지 빠졌다. 이런 가운데도 보켈슨은 언제나 잘 먹고 고기, 옥수수, 포도주, 맥주 등을 풍부하게 소유했다. 1535년 6월, 고립된 보켈슨의 군대를 급습한 주교의 군대들은 군인들을 학살했고, 새예루살렘의 왕이라던 보켈슨은 뮌스터에서 사람들이 보는 앞에서 빨갛게 불에 달군 쇠로 고문을 받다가 죽는다.[90]

이후 영국의 핸리아처는 짐승의 숫자로 일컬어지는 666이 붙은 1666년, 토머스 배너는 무장 투쟁을 통해서 예수 재림을 앞당길 수 있다는 망상에 사로잡혀 당시 국왕 찰스

---

90 Norman Rufus Colin Cohn, 379.

를 왕좌에서 끌어내리려는 계획을 추진하다가 왕이 파견한
군부대에 저항하며 쫓기기도 했다.[91]

---

91 William Bernstein, 137-138.

5. 천재적 재능으로 묵시문학에 심취했던 아이작 뉴턴 (1643~1727)

그는 천재로 불렸다. 천체, 연금술, 수학, 과학 등등 그가 다루지 않은 분야는 없었다. 연구한 분야마다 천재성을 발휘했다. 미적분, 만유인력 등을 발견한 천재 과학자요 수학자요 천문학자로 세계사에 이름을 새겼다. 아이작 뉴턴 이야기다. 그런데 그의 천재성은 주식투자로 가면 영 힘을 쓰지 못했다.

1) 남해회사 주식앞에서 뉴턴은 '떨어진 사과', 헨델은 '할렐루야'

남해회사(南海會社, South Sea Company)는 아프리카의 노예를 스페인령 서인도 제도에 수송하고 이익을 얻는 것을 주된 목적으로 1711년 영국에서 설립된 회사다. 그런데 이 남해회사에는 또다른 목적이 있었으니 바로 심각하게 어려운 영국의 국가적 재정을 타개하기 위한 것이었다. 영국 정부가 부실 채권과 증권을 남해회사 주식으로 전환시키고 사람들이 남해회사 주식을 매입하면 국고지원, 이윤창출, 이자 지급이 되도록 해서 국가 채무를 정리하

는 것이 회사 설립의
주목적이었다.[92] 그
러나 생각보다 일이
쉽게 풀리지 않았다.
스페인의 노예 수요
는 영국이 생각하는
만큼 충족되지 않았
고 1718년에는 스페
인과 영국간 전쟁까
지 벌어졌다. 남해회
사는 무역에서 생긴

아이작 뉴턴의 초상화 (나무위키)

적자를 노예무역 대
신 금융쪽으로 타개해나가기 시작한다. 복권형식의 채권
을 판매했는데, 이것이 대성공을 거둔다. 당시 영국에는 잉
여자본이 넘치고 있었다.

 1720년 1월경, 100파운드로 시작한 남해회사의 주가는
1720년 8월까지 1천 파운드로 폭등한다. 호재도 연일 신
문지면을 장식했다. 남해회사가 스페인으로부터 남아메리

---

92 위키피디아, '남해회사' 항목에 나오는 글을 다수 참고했다. 2024. 4.23 검색

카 지역 전 항구에 대한 기착권을 따냈다는 소식이 들려왔다. 거기에 더해 남아메리카에 새로운 금광이 발견됐다면서 짧은 시간에 높은 수익을 올리고자 하는 영국 국민들의 돈이 순식간에 남해회사로 몰린다. 천재 과학자 아이작 뉴턴은 물론, '메시아'의 작곡가 게오르크 프리드리히 헨델, 로빈슨 크루소의 저자 대니얼 디포도 주식 투자 대열에 합류한다.

아이작 뉴턴은 100파운드 정도 나갈 때 남해회사 주식을 매입했다. 천재적 감각을 발휘한 그는 350~400파운드가 됐을 때, 큰 수익을 얻고 매도한다. 그런데 그가 매도하고 나서도 남해회사 주식의 상승세는 멈추지 않았다. 무려 1천 파운드까지, 연초에 대비해 10배까지 대폭등한다. 남해회사가 스페인과 조약을 맺어 주요 항구의 통산권을 따냈다, 은이 철만큼 많이 생산되는 광산의 운영권을 얻어냈다는 등 소문이 돌면서 남해회사 주식투자 광기는 누구도 말릴 수 없는 지경이 되었다.

이미 매도했다가 주식 폭등 상황을 본 뉴턴의 멘탈이 흔들린다. 지금 따라잡지 않으면 안되겠다는 생각에 뉴턴은 주식 투자의 광풍에 휘말려 1720년 7월~8경 남해회사 주

뉴턴의 왕립조폐청장 시기 남해회사 주가

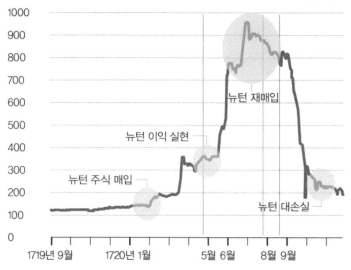

단위: 파운드

자료: 미국 예일대학 국제금융센터

식을 다시 매입한다. 지금으로 환산하면 20억 원에 가까운 2만 파운드를 베팅한다. 그러나 그 이후 주식은 대폭락한다. 마치 '뉴턴의 떨어진 사과'처럼. 남해회사의 스페인 무역과 관련한 소문은 대다수 헛소문이라는 게 알려진 것이다. 뉴턴도 큰 손해를 보고 손절하며 '천체의 움직임은 계산할 수 있지만, 인간의 광기는 계산할 수 없었다'는 유명한 말을 남긴 것으로 전해진다.[93] 반면 작곡자 헨델은 이 주식을 최저점에서 사서 고점에 전부 매각하여 투자 원금 대비 100배의 엄청난 수익을 얻었다고 한다.[94] 그가 쓴 '메시아'의 '할렐루야' 합창이 엄청난 수익과 함께 오버랩되는 듯하다.

2) 과학자 뉴턴이 바라본 '한 때 두 때 반 때', '짐승의 출현' 그리고 지구 종말

천재과학자이자 수학자도 주식 투자의 광기 앞에서는 위력을 떨치지 못했다. 뉴턴이 주식 이상으로 관심을 갖고 탐구하던 영역이 있었으니 별자리, 연금술과 더불어 성경의 장르 중 묵시문학(억압받는 거대 권력, 즉 악을 선이 이기고 극복하며 승리한다는 서사를 상징적 언어와 기법으로 풀어간 문학 장르) 특히 요한계시록과 다니엘서였다.

1727년 『Observations upon the Prophecies of

---

93 William Bernstein, 229.

94 뉴턴과 관련한 이야기는 나무위키, '남해회사'를 요약했다. https://namu.
    wiki/w/%EB%82%A8%ED%95%B4%ED%9A%8C%EC%82%AC%20
    %EA%B1%B0%ED%92%88%20%EC%82%AC%ED%83%9C 2024.4.23.일
    검색

Daniel, and the Apocalypse of St. John』(다니엘서와 요한계시록의 예언에 대한 고찰)을 출판하기도 했다. 다니엘과 계시록에서 그가 꽂힌 단어가 있었다. 한 때 두 때 반 때[95], 이 단어는 한때를 1년, 두때를 2년, 반때를 반년으로 봐서 42개월, 3년 반, 1260일이라고도 한다. 여기에 성경 속에서 하루를 일 년으로 계산하는, 일명 '연일계산법'을 적용하면 1260일은 1260년이 된다.[96] 한 때 두 때 반 때는 다니엘서와 요한계시록에 나오는 단어로서 지구종말을 예언하는 자들이 자주 이용하는 단골 메뉴다. 뉴턴도 다르지 않았다.

더불어 뉴턴은 요한계시록 12장에 '해를 입은 여인이 낳을 아이'를 삼키려고 하는 '용'(계 12:4)을 이방 로마제국으로 해석했다. 즉 로마를 용, 악마, 사탄의 세력으로 본 것이다.[97]

---

95 한 때 두 때 반 때를 지나서 성도의 권세가 다 깨지기까지이니 그렇게 되면 이 모든 일이 다 끝나리라 하더라(단 12:7 개정개역)

96 토시오 나카미, 『2060 뉴턴의 종말시계』 임은희 역 (서울: 호미하우스, 2012), 37.

97 Isaac Newton, 『Observations upon the Prophecies of Daniel, and the Apocalypse of St. John』, (Project Gutenberg, 2005), Greg Alethoup, Robert Shimmin, Keith Edkins eBook), "in the ten years persecution of Dioclesian, and pained to be delivered: and the Dragon, the heathen Roman Empire, stood before her, to devour her child as soon as it was born." 디오클레시아누스가 십년 동안 박해를 받으며, 구원받기를 애쓰고 있었는데, 이방 로마 제국의 용이 그녀 앞에 서서, 그녀의 아이가 태어나자마자 삼키려고 했다.

"인류 최대의 적이었던 악마와 마찬가지로 계시록의 용은 로마 제국의 상징이고 그것은 (원시 그리스도) 교회의 거대한 적이다.", "용이 의미하는 왕국이란 그리스도교 초기 시대의 것이고 한갓 여자에 불과한 마리아에 의해 비롯된 그리스도 교회에 적의를 품고 있는 나라이다. 그리고 이 왕국이란 그리스도교도를 300년 가깝게 박해하고 뿔뿔이 흩어지게 한 고대 로마제국 외에는 없다. 따라서 짐승은 고대 로마제국의 말기를 상징하는 것에 틀림없다."[98]

뉴턴은 한 때 두 때 반 때에 연일 계산법을 적용해 1260년을 계산한 후 이를 용, 사탄의 세력으로 상징하는 '로마' 제국에 대입해서 종말의 연도를 산출해낸다. 그가 종말 연도를 산출한 방법을 말하기 위해서는 프랑크의 황제 샤를마뉴와 교황 레오 3세를 언급해야만 한다. 잠시 뉴턴이 활동하던 시기보다 거의 1천여 년 전인 서기 800년으로 되돌아 가보아야 한다.

교황 레오3세는 서기 795년 12월 교황으로 선출된다. 그런데 선출될 당시 그의 신분은 교황의 금고 또는 의복을 관

---

98   토시오 나카미, 『2060 뉴턴의 종말시계』, 40-41.

리하는 행정관들의 수장이었다. 전직 교황인 하드리아노 1세의 친척들에게는 이것이 불만 거리였다. '귀족 출신'에서 교황이 나와야 한다고 생각했기 때문이다. 레오 3세에 대한 거부감과 반감이 지나쳐 전 교황의 친족들이 주동이 되어 현 교황 테러를 계획한다. 교황 레오 3세는 베드로 성당으로 가던 중 테러를 당해 의식을 잃을 정도로 다쳤다.

상황은 심각해져 내란이 일어날 조짐까지 보였다. 배경이 변변찮은 레오 3세를 지지해줄 누군가가 간절히 필요한 상황에서 교황의 보호자로 자처하고 나선 사람이 프랑크의 황제 샤를마뉴(카를로스)였다. 샤를마뉴는 군사를 동원해 레오 3세를 보호하고 안전을 보장하고 호위에 나선 것은 물론 내란 주동 세력을 내몰고 귀양을 보내는 데 큰 공을 세운다. 서기 800년 12월 25일 교황 레오 3세는 성베드로대성당에서 예수성탄 대축일 미사를 드리는 도중 무릎을 꿇은 샤를마뉴에게 왕관을 씌워주며 '신성로마제국'의 로마 황제로 선언한다.[99] 왕관을 씌워주는 동시에 대중은 '신이 왕관을 준 샤를 황제, 로마인의 평화를 사랑하는 위대한

---

99 위키백과, '교황 레오 3세' 참고, 2024.4.25. 검색.

황제'라고 외쳤다.[100]

알브레히트 뒤러의 샤를마뉴(카롤루스) 초상화

샤를마뉴는 현재의 프랑스, 이탈리아, 독일, 오스트리아, 체코, 크로아티아 영토를 대부분 통합한 황제였고 그는 자신의 영토가 서로 마제국을 계승했다고 생각하기를 좋아했다. 그는 '레노바티오 임페리이 로마노룸'(로마제국의 재건)을 천명한다.[101]

'로마제국의 재건'을 외친 샤를마뉴, 이 사건이 뉴턴에게는 심상찮은 것이었다. 왜냐하면 그는 요한계시록 13장 3절의 말씀에 주목한다.

---

100 토시오 나카미, 57.
101 『문화로 쓴 세계사』, 219.

"그의 머리 하나가 상하여 죽게 된 것 같더니 그 죽게 되었던 상처가 나으매 온 땅이 놀랍게 여겨 짐승을 따르고." 묵시문학에 심취한 뉴턴의 입장에서 로마 제국은 한번 죽은 것 같더니 AD 800년에 다시 살아나 온 땅이 놀랍게 여겨 따르게 된 짐승과 다를 바가 없었다.[102] 뉴턴의 시각에서 800년은 '용의 부활'의 해였다. 그래서 뉴턴은 800년에 1260년을 더해서 2060년이 최후의 심판 때라고 주장하게 된다.[103]

뉴턴은 천문학, 과학, 수학 등 인류 역사에 커다란 족적을 남긴 천재이지만 요아킴과 마찬가지로 성경에 나오는 상징적 숫자를 실제 역사에 대입해 종말의 날짜를 산출한 종말론자의 모습을 보였다. 그는 종말의 연도를 계산하면서 단서를 달았다고도 한다. "종말의 날이 언제가 될지를 판단하기 위해서가 아니라 종말의 날을 빈번하게 예언하는 망상가들의 경솔한 추측을 멈추게 하고 싶기 때문이다. 그들의 추측이 빈번히 빗나갔기 때문에 더욱 성스러운 예언에

102　토시오 나카미, 『2060 뉴턴의 종말시계』, 45
103　토시오 나카미, 『2060 뉴턴의 종말시계』, 208 여기에서 저자는 뉴턴이 최후 심판이 2060년 이후에 온다고 했다면서 2060부터 2374년까지 314년의 기간, 즉 '범위'를 지정했다고 설명한다. 정확한 시점을 뉴턴이 말하지 않았다고 하면서 그것이 노스트라다무스식 예언과의 차이라고 말한다.

대해 의혹을 품게 되는 것이다."[104]

뉴턴 시대의 전쟁

뉴턴이 살던 17세기~18세기에도 전쟁은 끊이지 않았다. 가장 유명한 전쟁이 로마 가톨릭을 지지하는 국가와 개신교를 지지하는 국가 간에 일어난 30년 전쟁(1618~1648년)이다.

이 전쟁은 인류 전쟁사에서 가장 잔혹하고 사망자가 많은 전쟁 중 하나였으며, 사망자 수는 800만 명이었다. 30년 전쟁은 독일 전역을 기근과 질병으로 파괴했다.[105] 청교도 혁명으로도 불리는 잉글랜드 내전(1642~1651년)이 일어난다. 내전이 끝나자마자 영국-네덜란드 전쟁(1차: 1652~1654년, 2차: 1665~1667년, 3차: 1672~1674년)이 시작된다. 이외에도 폴란드와 러시아 간, 튀르키예와 러시아, 오스만투르크와 합스부르크 간에 전쟁이 끊이시 않는다. 이토록 인간 세상이 끊임없이 뒤숭숭한 것은 종말

---

104 토시오 나카미, 『2060 뉴턴의 종말시계』, 210.
105 인터넷 위키백과, 30년 전쟁 항목 참고. 2024.4.25. 검색

뉴턴이 살던 시대에 일어난 30년 전쟁 (사진: 나무위키)

과 재림이 임박해서가 아니라 어쩌면 끊어낼 수 없는 타락한 인간의 본성 때문이 아닐까. 뉴턴 이후 종말론의 유행지는 유럽에서 미국으로 자리를 옮겨간다. 미국을 거점으로 종말론의 뜨거운 바람이 1800년대 후반부터 미국을 강타한다.

6. 2300주야로 재림 날짜를 측정한 윌리엄 밀러 (1782~1849)

윌리엄 밀러는 하나님께 불만이 많았다. 그는 엄격한 침례교 환경에서 성장하며 어려서부터 성경을 읽어왔지만, 하나님을 이해할 수 없었다. 고통받는 사람을 외면하고 세상을 돌보지 않는 하나님 같았다. 그는 많은 사상가 중에도 볼테르, 흄, 페인 등을 통해 이신론, 불가지론에 심취한다. 하나님은 세상을 만드셨을 뿐 섭리하고 돌보지 않으신다는 것이다.

그가 30대가 됐을 때 미국은 영국과 치열한 전쟁을 벌였다. 밀러 또한 1814년 미군 대위로 플래츠버그에서 벌어진 전투에 참전한다. 미국군과 영국군이 뒤엉켜 교전하며 학살에 학살을 거듭했고 해전에선 배에 핏물이 차고 넘쳐서 무릎까지 차오를 정도였다. 때로 그는 15만여 명이나 되는 영국군을 미군 5천여 명이 섬멸한 사건을 경험한다. 진장에서 그의 신앙은 급격한 전환점을 맞는다. 불가지론, 이신론에서 성경적 신앙을 철저히 사모하는 사람으로 변화한 것이다. 1816년경부터 그는 성경을 읽으며 단어 하나하나를 자세히 분석했다. 특히 성경의 묵시문학 장르인 '다니엘서'와 '요한계시록'을 꼼꼼히 살폈다. 그가 성경 보는 법은 다니엘서에 '짐승'이란 단어가 나오면 그것을 키워드로 성경 전체를 살펴보는 방식이었다.[106]

1843~1844년을 종말의 때로 본 윌리엄 밀러

성경을 성경으로 풀었고 다른 개인적 신조나 저술에 의존하지 않았다, 그는 모든 권위를 성경 자체에 두려 했다, 이 태도를 견지하지 않는 것은 성경이 아닌 외적 권위에 중심을 두는 것이라고 보았다.[107] 그의 말 자체

---

106 William Bernstein, 243-245 요약

107 "He held that the Bible should be its own expositor. 'By comparing scripture with scripture a person could unlock the meaning of the Bible. In that way the Bible became a person's authority, whereas if a creed of other individuals or their writings served as the basis of authority, then that external authority became central rather than the teaching of the Bible itself.'"(Miller, William (November 17, 1842). "Midnight Cry". p. 4; Wikipedia "그는 성경이 성경 자체의 해석자여야 한다고 주장했다. '성경과 성경을 비교함으로써 사람은 성경의 의미를 풀 수 있다. 이런 방식으로 하면 성경은 사람의 권위가 되지만 다른 개인의 신조나 그들이 쓴 저술을 권위의 기초로 삼는다면 그것은 성경 자체의 가르침보다는 외부의 권위가 중심이 되는 것이다.'"

는 멋있어 보였다. 그러나 그가 개인적으로 성경을 연구한 끝에 내린 결론은 예수님이 '1843년~1844년 경에 재림한다'는 것이었으니 성경을 성경으로 푼다는 생각이 교만으로 빠지는 역기능을 보게 된다.

1844년 10월 22일, 연대 계산은 어떻게 하게 된 건가? 도대체 교인이라고 하는 작자들이 연대 계산을 포기하지 못하는데 간단하게 '밀러식' 재림 날짜를 계산법을 파악해보자.

근거 구절은 다니엘 8:14절이었다. "그가 내게 이르되 이천삼백 주야까지니 그때에 성소가 정결하게 되리라 하였느니라." 이 구절에서 2300일(주야)을 '하루를 일년'으로 계산하는 법칙을 적용한다. 이는 소위 '연일계산법'이라는 것 때문이다. 민수기 14장 34절과 에스겔 4장 6절이 근거가 됐다.

"너희는 그 땅을 정탐한 날 수인 사십 일의 하루를 일 년으로 쳐서 그 사십 년간 너희의 죄악을 담당할지니 너희는 그제서야 내가 싫어하면 어떻게 되는지를 알리라 하셨다 하라"(민 14:34).

"그 수가 차거든 너는 오른쪽으로 누워 유다 족속의 죄악을 담당하라 내가 네게 사십 일로 정하였나니 하루가 일 년이니라"(겔 4:6).

하루를 일 년으로 계산하면 2300일은 2300년이 된다. '성소'는 지구로 해석하고 '정결'을 불로 태우는 정결로 보고 지구가 불로 태워져 정결하게 되는 때, 지구 최후의 날을 바로 예수 재림이라고 생각했던 것이다.[108]

문제는 시작점이다. 그 기점을 윌리엄 밀러는 단 9:25에서 찾는다. 여기에 보면 "예루살렘을 중건하라는 영이 날 때부터"라 했으니, 이 연도를 찾으면 된다. 밀러는 에스라 7장에 나오는 아닥사스다왕 7년째(BC457년)의 명령을 예루살렘 중건령으로 해석, 기산점은 BC457년이고 2300주야의 끝을 처음에는 1843년으로 계산했다. 10월 22일이란 날짜는 구약의 절기 중 레위기 16장 29절 티쉬리월(7월) 10일 속죄일을 태양력으로 환산하여 10월 22일로 잡은 것이다. 이날이 번제로 제물이 불태워지듯, 성소(지구)가 정결케 되는 날이라고 본 것이다.

---

108 진용식, 『안식교의 오류』(경기도: 도서출판 복음사역, 1988), 42.

그는 수줍은 성격 탓에 이런 성경해석의 결론을 사람들에게 드러내 놓고 말하지 못했다. 그런데 소문이 점점 퍼지다가 화약고에 성냥을 긋는 듯한 사건이 발생한다. 1831년 여름, 버몬트 주 드레스덴이라는 지역에서 밀러에게 설교해 달라고 초청한다. 그는 "해가 빛을 잃고 달도 차갑고 적막하게 공중에 떠 있으며, 우박이 내리고 일곱 나팔의 소리가 힘차게 울려 퍼지니 번개가 번득이고 유황불이 이글대며 사방으로 솟구치고 마침내 나라의 큰 도성이 무너져 다시는 일어서지 못할 것"이라고 했고 다니엘서와 요한계시록의 비밀을 드러내는 도표를 보여주며 설교했다. 그의 설교는 점점 소문이 퍼져 인기를 끌었고 동부는 물론 북부지역이 흥분으로 들썩였다.[109]

두루뭉수리 넘어가지 않고 성경에 대해 매우 정교하게 해석하는 밀러의 설교에 사람들은 열광했다. 이렇게 1843년 10월 22일에 예수 재림을 예언하고 전 미국을 사기판으로 몰아붙인 이들을 이름하여 밀러파라고 한다.[110] 그가 예언한 재림일이 다가오기 2년 전인 1841년에는 격정적

---

109 William Bernstein, 251-253, 요약
110 김주원, 『요나의 전도』 (경기도: 기독교포털뉴스, 2024), 26.

인 90분 설교를 연간 627회, 하루에 평균 2회의 설교를 소화할 만큼 유명인이 됐다.[111] 거의 12만 명에 가까운 추종자들이 열광의 도가니에 빠지게 되면서 재림 운동은 절정에 이르렀다.

그런데 1843년에 예언한대로 종말이 일어나지 않자 밀러는 유대인들은 율법학자들이 쓰는 랍비 달력을 사용하고 이 달력은 3월 또는 4월에 시작되기 때문에 1844년 3월 21일로 심판의 때를 연기한다. 이날 역시 아무 일도 일어나지 않자 밀러파는 한두 달 오차는 발생한다, 그렇더라도 주님은 반드시 오실 것이라며 다시 1844년 4월 29일(유대인들의 보리 수확의 시기이자 한 해의 시작을 알리는 '카이라테'를 기준으로 했다고 한다), 이날 역시 아무 일도 일어나지 않자 새뮤얼 스노라는 여성이 "유대인들이 가장 신성시하는, 유대달력으로 티쉬리라고 불리는 일곱 번째 달의 열 번째 날, 즉 일반 달력으로 10월 22일이 되는 해를 종말의 날짜로 계산한다.[112]

---

111 William Bernstein, 260.
112 William Bernstein, 269-270 ; 김주원, 26.

이날을 앞두고 밀러파들은 지옥불을 피할 수 없을 것으로 보이는 사람들과 작별인사를 하며 심판의 날을 기다린다.

"밀러주의자들의 교회는 우드와 캘로힘 사이의 줄리아나 거리에 있었는데 신도들은 그곳에서 밤낮으로 만나 태양과 별을 바라봤으며 회개하지 않는 사람들에게 '심판의 날이 다가오고 있다'라고 경고했다. 많은 이들이 땅과 집을 헐값에 매각했고, 어떤 이들은 개인 물품을 처분하고 사업을 접고 집을 정리했다. 체스트넛 위쪽 5번가의 한 상점에는 이렇게 쓰인 플래카드가 걸려 있었다. '이 가게는 10월 20일경 재림하시는 만왕의 왕을 맞이하기 위해 문을 닫습니다. 부디 준비된 자가 되어 만유의 주님이 내리시는 면류관을 받으시기를!'"[113]

밀러파들은 이렇게 '그날과 그때는 모른다'는 싱거움을 뒤로 하고 구체적이고 정확한 날짜 계산을, 다른 근거 자료가 아닌 성경에서 끄집어 내며 자신들이 소속했던 기성교회에서 스스로 나와 열렬히 재림운동을 했다.[114]

---

113 J.Thomas Scharf and Thompson Westcott, *History of Philadelphia* (Philadelphia: L.h.Everts &Co.m 1884), II :1448에서 번스타인, 275 재인용
114 진용식, 13.

당시 미국은 국제적 갈등과 전쟁의 위기가 서서히 달아오르고 있을 때였다. 밀러파의 재림운동 이후 2년 뒤 실제로 미국은 멕시코와 전쟁을 치렀다. 텍사스주를 자국의 영토라고 주장했던 멕시코와 텍사스를 편입한 미국 사이에 벌어진 2년 간의 전쟁이다. 4년 뒤인 1849년에는 남북전쟁이 일어났다. 공업·산업 중심으로 발달한 북부는 직공을 원했고 토지가 비옥한 남부는 노예를 원했다. 노예제를 사이에 두고 갈등이 폭발한 끝에 16년에 걸친 남북전쟁이 발생한다. 나라와 나라뿐 아니라 한 나라 안에서 같은 민족의 갈등이 심화되던 와중에 1844년 밀러파의 재림운동이 발생한 것이다.

재림 운동이 실패로 끝나자 이 사건은 'Great Disappointment' '대실망'으로 기록됐다. 지금도 구글에 'Great Disappointment'라고 치면 이는 밀러의 시한부 종말 실패를 뜻하는 고유명사처럼 사용된다. 그러나 이 사건은 대실망이 아니라 '대사기'(Big deception)로 기록됐어야 한다. 그래야 다음에 유사한 행각이 나올 때 사람들이 '사기'로 인식할 수 있을 테니까.

이처럼 잘못된 성경해석을 했음에도 그것이 국가적 갈

윌리엄 밀러의 세 번째이자 마지막 그리스도의 재림 날짜에 대한 예언을 알리는 포스터(사진: https://vtdigger.org/2021/01/24/then-again-pastors-prophecy-for-a-great-awak-ening-ends-in-a-great-disappointment/)

등 고조와 전쟁의 위기 속에서 무분별한 종말신앙과 엉키면 많은 신앙인들에게 진실한 신앙인 것처럼 통해왔음을 윌리엄 밀러의 사례는 보여준다. 따라서 오늘날과 같은 역병, 폭우, 태풍, 테러, 지진 등 위기의 시대에는 윌리엄 밀러와 같은 시한부 종말 사기 사건이 또다시 발생할 수 있다.

윌리엄 밀러의 대실망 사건은 10만여 명 이상의 미국 시민들에게 큰 절망을 안긴 사건으로 기록됐다. 그러나 이 시한부 종말 사기 사건에 깊게 연루됐던 사람들이 종말 사건 이후 정통교회로 회심하지 않고 제칠일안식일예수재림교를 만드는 중추적 역할을 한다. 1844년 10월 22일 시한부 종말 날짜를 '예수께서 하늘 성소에 계시다가 지성소로 들어간 날'로 해석하며 이때를 특별한 날로 삼는 엘렌지 화잇의 제칠일안식일예수재림교가 탄생한 것이다.

사이비 시한부 종말 사건은 사기로 드러난다고 해도 그것으로 마무리되는 게 아니다. 우리는 사이비 신앙에 영향을 받은 또 다른 신흥 종교가 탄생하는 모습을 역사 속에서 빈번하게 발견하게 된다.

7. 제1차 세계대전의 해를 재림 날짜로 계산했던 찰스 테이 즈 러셀(1852~1916)

1914년, 보스니아의 수도 사라예보에서 두 발의 총성이 울렸다. 오스트리아 황태자 부부가 그 자리에서 총을 맞고 사망한다. 보스니아는 당시 오스트리아의 식민지였다. 오 스트리아의 황태자 부부가 사라예보에서 열리는 군사훈련 을 참관한다는 소식을 듣고 세르비아계 청년 이 총격을 가 한다.[115]

세르비아가 반란을 일으켰다며 격분한 오스트리아는 1914년 7월 28일 세르비아에 전쟁을 선포한다. 같은 게 르만족인 독일의 지원도 약속받았다. 그런데 저격범은 슬 라브족이었다. 오스트리아가 사라예보에 선전포고를 하는 순간 슬라브족의 큰형님뻘인 러시아가 가만있어서는 체면 이 서질 않았다. 오스트리아의 선전포고에 러시아가 두 팔 을 걷어붙이고 나섰다. 오스트리아의 우방인 독일도 전면 전에 나섰다. 결국 이 전쟁에 프랑스, 영국 등 거의 전 유럽 과 미국까지 참전하며 전장은 세계로 확산한다.

---

115 1차세계대전 항목은 임소미, 『최소한의 세계사』, 78-89 요약.

사라예보 사건을 묘사한 삽화 (1914년 7월 12일에 발행된 이탈리아의 신문 《라 도메니카 델 코리에레》(La Domenica del Corriere)

　인류사 최초의 세계대전은 1914년부터 1918년까지 4년에 걸쳐 진행됐고 전사자 900만 명, 민간인 사망자 600만 명, 부상자 2천700만 명, 불구자 600만 명, 미망인 400만

명, 고아 800만 명을 남겼다.[116]

역사상 가장 참혹한 전쟁으로 기록된 이 전쟁이 일어난 해, 1914년을 예수 재림의 때로 예언한 사람이 있었으니 찰스 테이즈 러셀이다. 그가 예언하고 나서 1914년 7월 28일 세계대전이 발발하자 많은 사람들이 세상의 종말이 올 것이라는 공포와 두려움에 사로잡혔다. 그러나 세계대전은 1918년 11월 11일 마무리됐고 지금까지 러셀의 예언은 이뤄지지 않았다. 오히려 재림을 예언한 러셀은 1916년 10월의 마지막 날 사망한다. 재림 연대 계산으로 신도들을 우롱하고는 실패하면 꼭 변명을 덧붙여서 끝까지 회개하지 않는 행태는 반복되는데, 이렇게 재림이 안 이뤄지자 러셀은 '예수가 1914년 눈에 보이지 않게 영으로 재림했다'는 유명한 말을 남긴다. 진정한 예언가라면 1914년 그전에 이미 예수께서 영으로 재림한다고 말했어야 할 일이다. 그러나 거짓 선지자들은 예언을 일단은 해놓고, 그것이 이뤄지지 않으면 '영'으로 이뤄졌다는 말을 아무런 양심의 가책 없이 한다.

---

116 나무위키, 제1차 세계대전을 키워드로 2024.5.1. 검색

요리를 하려면 재료가 필요하다. 재림을 주장할 때도 마찬가지다. 재료가 있어야 한다. 시한부 종말론자들이 단골처럼 사용하는 게 다니엘서다. 요한계시록의 많은 묵시적 표현이 다니엘서에서 왔는데, 재료가 아무리 신선하고 좋은 들 뭐하겠나. 아무리 성경이 우리를 구원으로 인도하는 하나님의 말씀인들 뭐할까. 악한 요리사가 그걸 갖고 독이 든 요리를 할 수 있다. 윌리엄 밀러가 다니엘서로 사기를 쳤듯이 찰스 테이즈 러셀도 다니엘 4장의 느부갓네살 왕의 꿈에 예언된 일곱 때를 갖고 날짜를 조합해 낸다.

다니엘서 4장 16절 "또 그 마음은 변하여 사람의 마음 같지 아니하고 짐승의 마음을 받아 일곱 때를 지내리라" 느부갓네살이 짐승의 마음을 받아 폐위되어 일곱 때를 지나게 되리라는 말씀인데 이 말씀을 근거로 러셀은 날짜를 산출해 낸다. 이 일곱 때는 그 유명한 요아킴은 물론 아이작 뉴턴이 지대한 관심을 뒀던 한 때 두 때 반 때, 다니엘서는 물론 요한계시록 11장과 13장에도 등장하는 표현으로서 1260일을 의미한다. 이 곱절이 7년이다. 이것을 날 수로 계산하면 2520일(1260×2)이고, 여기에 윌리엄 밀러

처럼 연일 계산법을
적용하면 2520년이
된다.[117]

여호와의 증인의 설립자, 찰스 테이즈 러셀 (사진: 위키백과)

기점이 다시 중요
해진다. 러셀은 시드
기야 통치 제 9년 열
째달 10일 바베론의
느부갓네살 왕의 이
스라엘 침공연도, 즉
기원전 607년을 기
점으로 삼았다. 하나님의 나라로 상징되는 예루살렘이 침
공을 받은 기원전 607년 이후 2520년이 지난 뒤인 1914
년을 러셀은 세상 나라의 통치가 끝나고 하나님의 통치가
시작되는 재림의 때로 계산한다.

세계대전이 터질 때만 해도 그의 예언은 비상한 관심을
받았으나 결국 예언이 빗나가자 러셀은 이를 그리스도께서
영으로 재림해 하늘에서 통치를 시작한 해라고 우기기 시

---

117 진용식, 『여호와의 증인 상담법』 (서울: 비전북, 2020). 42-43.

길거리에서 포교중인 여호와의 증인 신도들 (사진: 현대종교)

작한다. 이걸 지금도 믿고 따르는 이들을 우리는 '여호와의
증인'이라고 부른다.

　'여호와의 증인'하면 어떤 이미지가 떠오를까? 뙤약볕이
내려쬐는 거리에서 파수대를 홍보하는 사람들, 병역기피,
수혈거부, 생일기념거부 등등 많을 것이다. 그러나 그들은
다른 무엇보다 1914년 10월 예수 그리스도께서 재림하신
다고 시한부종말 사건을 일으켰던 단체이다.

8. 반드시 알아야 할 세대주의 종말론의 설계자, 존 넬슨 다비(1800~1882)

1) 종말론의 대이동, 유럽에서 미국으로

"레이미 그동안 잘 지냈…" 클로이가 동생 레이미와 재회의 반가움을 나누던 쇼핑몰. 꼬옥 끌어안은 상태에서 갑작스레 동생 레이미가 허물 벗은 나비처럼 옷만 남기고 어디론가 증발하듯 사라진다. 레이미뿐만 아니었다. 독실한 크리스천들은 세계 모든 곳에서 옷만 남기고 갑작스레 몸이 쏙 빠져나가 어디론가 사라져버린다. 이 땅에 남은 자들은 충격과 비탄에 빠져 대혼란을 겪는다. 일명 휴거 사건과 이 땅에 남은 자들이 처참하게 겪을 7년 대환난을 그린 니콜라스 케이지 주연의 영화 '레프트 비하인드'의 주요 스토리이다. 망작으로 소문났지만 네이버의 이 영화 관람평 댓글란에는 크리스천들로 보이는 이들의 긍정적 평가가 이어진다. "앞으로 반드시 일어날 상황", "안 믿는 사람들 눈엔 쓰레기 영화로나 보이시겠지만 성경의 진리를 믿으며 성령의 은혜를 받아본 사람들에겐 자신의 신앙을 되돌아보게 해주는 영화", "지금이 마지막 때인 것을 기억해야 합니다."

휴거를 주제로 한 영화 '레프트 비하인드'의 한 장면. 옷을 허물 벗듯이 벗고 사라진다.

이 영화의 원작은 팀라헤이와 제리 B.젱킨스의 동명의 소설 '레프트 비하인드'이다. 한국에선 망작으로 소문났지만 미국으로 건너가면 원작의 위상은 확연히 달라진다. 미국에서 1995년 1권이 첫 발간된 후 16권까지 출간되는 동안 8천만 부 이상이 팔릴 정도로 초베스트셀러가 됐다.

이 책은 인류사의 종말을 다루고 크리스천들의 호평을 받는 것처럼 보이지만 사실 이 영화나 책에서 보여주는 종말론은 현재 정통교회에서 받아들이는 종말론과 상당한 거리가 있다. 특히 정통 신학교 내에서는 절대 다수가 배격하는데 이 종말론적 입장을 세대주의 종말론이라고 한다.

세대주의 만큼 대중에 익숙해진 종말론도 드물다. 마지막 때 교회의 타락을 보여주는 요한계시록 3장의 라오디게아교회와 하나님의 심판을 앞두고 갑작스레 공중으로 휴거되는 참 그리스도인. 땅에는 전에도 없고 후에도 없을 7년 대환난이 벌어진다. 그 사이 하늘에서는 그리스도와 성도들의 '혼인잔치'가 열린다. 성도들이 들림 받은 후 3년 반이 지나면 적그리스도의 실체가 드러나고 다시 3년 반이 지나면 적그리스도와 온 인류가 힘을 합쳐 그리스도와 최후의 전쟁을 아마겟돈에서 펼친다. 악의 세력이 심판을 받은 후 성도들은 그리스도와 더불어 천년왕국에서 왕노릇한다. 천 년이 끝난 후 곡과 마곡의 전쟁에 이은 그리스도의 지상 재림과 최후 심판으로 이어지는 게 세대주의 종말론의 뼈대이다.

교회를 다니지 않는 사람조차 어디선가 본듯하고 들어봤을 정도로 드라마틱하고 긴장감 넘치는 대중적인 종말론인 셈이다. 대중에게는 뼛속 깊이 새겨진 이 종말론의 설계사는 누구일까?

원형을 찾다보면 우리는 존 넬슨 다비라는 인물과 만나게 된다. 다비 없이 세대주의 종말론을 거론하기는 힘들 정도다. 전제할 것은 존 넬슨 다비 자신은 지금까지 본서에서 언급한 여타 종말론자들처럼 명시적으로 재림의 날짜, 인류 최후의 심판 날짜를 제시한 바가 필자가 찾은 자료상에서는 없다. 그러나 그의 추종자들이나 후계자들, 설령 존 넬슨 다비를 따르지 않는다 해도 세대주의 종말론을 추종하는 사람들은 다비에게서 원형을 따와서 그 시나리오에 특정 날짜를 대입하는 오류를 범해왔다. 도대체 다비가 주장한 종말론은 뭐길래 오늘날 이토록 사람들을 매료시키고 일부 종말론자들이 날짜를 못 박아 말하는 원리를 제공하게 된 것일까?

종말론을 언급할 때 절대 피해 가거나 누락해서는 안되는 인물이기에 여기에 포함해서 살펴보고자 한다. 더불어 유럽에서 미국으로 세대주의가 수출되는 것과 함께 종말론의 유행의 장 또한 미국으로 옮겨가는 특징을 보인다. 이후 유명한 시한부 종말론자들이 미국에서 등장하는 것도 우연의 일치는 아닌 것으로 보인다.

2) 세대주의 종말론의 설계자 존넬슨 다비

다비는 풍부한 경험을 가진 사람이다. 삼촌 허레이쇼 넬

슨 제독과 함께 나일
강 전투에 참여해 기
자 작위를 받고 '넬
슨'이라는 미들네임
을 얻었다.[118] 전투
경험뿐 아니라 지적
호기심도 넘쳐서 더
블린의 트리니티 칼
리지에서 문학, 라틴
어, 그리스어를 배웠
고 아일랜드의 법률

세대주의 종말론의 설계자, 존넬슨 다비

학교에 입학해 법률가의 길을 걸었다. 아버지는 법률가의
길을 걷는 다비에 대한 기대가 남달랐다. 1822년 아일랜
드 법원의 변호사가 됐지만 다비는 1826년이 될 때쯤 변호
사의 길을 포기하고 영국 성공회의 사제서품을 받았다.[119]

그러나 1828년 그에게 충격적 소식이 들린다. "모든 교
구민들과 교구 사제들은 한 사람도 빠짐없이 영국 국왕에

---

118 William Bernstein, 369.
119 위의 책, 370.

대한 충성심을 서약(맹서)하라"는 감독의 서신을 받은 것이다. 이 서신을 받은 다비는 "어느 누구 어떤 것도 하나님 위에 있을 수 없다. 영국 헌법의 지배 아래 있는 국왕은 하나님이 아닌 세상의 왕일 따름이다"라고 성명을 발표하며 항명해 성공회 사제직을 박탈당한다. 이후 다비는 1828년 11월 아일랜드 더블린에서 "안식 후 첫 날 우리가 떡을 떼려고 모였더니(사도행전 20:7)"라는 말씀을 따라 주일 아침에 몇몇 사람들과 떡을 떼고 잔을 나눈다. 이것이 형제단의(Brethren Assembly) 창립모임이다.[120]

이후 형제단은 존넬슨 다비의 엄격한 문자주의적 성경해석 노선을 따르는 배타적 형제단과 성서 이해와 교리 면에서 융통성을 가진 존뉴턴, 조지뮬러를 따르는 개방적 형제모임으로 갈라진다.[121] 배타적 형제단의 존넬슨 다비는 교파에 소속한 교회를 부패하고 타락하고 배도한 교회로 여기며 강력하게 비판했다. 조직화된 기독교의 '망가진 상태'를 비판했고 성직자 계급에 대한 혐오를 보였다. 기독교의 대부분은 명목상 또는 문화적인 그리스도인으로 평가절하

---

120 나무위키, 플리머스 형제단, https://namu.wiki/
    w/%ED%94%8C%EB%A6%AC%EB%A8%B8%EC%8A%A4%20
    %ED%98%95%EC%A0%9C%EC%9A%B4%EB%8F%99 2024.7.4. 검색
121 나무위키, '플리머스 형제단', 항목.

했다.[122]

다비는 자신이 사는 시대를 은혜 시대의 끝자락으로 봤다. 제도적 교회를 비롯한 불신 세상이 하나님의 심판을 받은 다음 천년왕국 시대로 들어가야 했다.[123] 이렇게 시대를 나누고 하나님의 통치 방식이 시대마다 달라진다는 관점으로 인해 다비는 시간이 흘러 '세대주의'[124]의 아버지로 불렸고 세대주의자들은 그리스도의 재림 직전 그리스도의 공중 재림과 휴거, 인류사 최대의 전쟁과 공포가 몰아닥치는 7년 대환난, 유대인들의 국가적 회복, 아마겟돈 전쟁, 문자적 천년왕국, 최후의 심판 등으로 진행되는 종말론을 주장하는 특징을 보였다.[125] 이 종말론을 믿고 있다면 자신이 인정하든 하지 않든 세대주의적 종말론을 따르고 있다고 보면 된다.

세대주의 종말론은 기독교 역사상 가장 최근에 나온 종

---

122 Daniel G. Hummel, 『세대주의의 부상과 침몰』, 소현수역 (서울: 부흥과개혁사, 2023년), 49. 53,

123 Daniel G. Hummel, 『세대주의의 부상과 침몰』, 28-29 참고.

124 Daniel G. Hummel, 『세대주의의 부상과 침몰』, 261. 세대주의라는 용어는 필립 모로가 1928년 처음 사용했다. 이 책에서는 세대주의를 종종 새전천년주의로 표기했다.

125 William Bernstein, 373.

말론이다. 바꿔 말해 종교개혁 시기부터 18세기까지, 그리고 과거로 거슬러 올라가 신앙의 선조들은 잘 알지 못했던 종말론이라는 의미다. 그전까지 대다수 크리스천은 휴거, 아마겟돈 전쟁으로 세분화된 종말론을 거의 받아들이지 않았고 오히려 천년왕국이 상징이라는 무천년설, 상징적 천년왕국 동안 선교를 통해 복음이 확산되고 그리스도의 영광이 꽃피는 역사의 마지막에 그리스도께서 재림한다는 후천년설, '천년'은 실제이지만 그 천년왕국에 들어가기 전에 그리스도께서 재림한다는 역사적 전천년설이 대세를 이뤘다.

3) 영국보다 미국에서 인기 몰이를 한 세대주의

다비의 세대주의는 영국에서 시작하지만 정작 폭발적 성장을 한 것은 미국에서였다. 세대주의 종말론이 영국에서 큰 환영을 받지 못한 이유는 형제단 자체가 성경해석을 놓고 탁상공론을 일삼는 수십 개의 분파로 분열되며 조롱거리가 됐기 때문이다.[126] 세대주의적 종말론을 장착한 다비는 1862년부터 1877년까지 북미를 총 7번 방문했고 7년

---

126 William Bernstein, 376-377.

이상의 시간을 보냈다. 주요 방문 지역은 뉴욕, 몬트리올, 퀘벡 등 북미의 동부, 시카고, 밀워키, 디트로이트 등 오대호 연안 도시들이었다.[127] 그의 전도 여행을 통해 세대주의가 확산했고 특히 미국의 20세기 초반, 드와이트엘 무디가 이끄는 부흥운동과 스코필드의 세대주의적 관점을 담은 성경주석, 미국 대중문화에까지 영향을 미치며 날개를 단다.[128]

복음전도자 무디는 1872년 다비를 만난 후 세대주의 교리를 처음 들었고 다비의 복잡한 종말론과 세대주의적 개념을 대중 전도집회에서 매우 쉽고 단순하게 전달했다. 그리스도께서 언제라도 오실 수 있으며 여러분이 뒤에 남겨지기를 원치 않는다는 것이었다.[129] 아서 피어슨은 1886년 무디의 여름부흥회에서 학생 자원봉사운동(SVM)을 시작하도록 도우며 '한 세대 안에 세계복음화'라는 목표를 대중화했다.

당시만 해도 영국의 사상과 해석학은 선진적으로 여겨지

127 Daniel G. Hummel, 72.
128 William Bernstein, 374.
129 Daniel G. Hummel, 147.

던 때였다. 물밀듯 영국의 자유주의적 풍조가 미국으로 몰려 들어올 때, 다비의 성경 중심으로 보이는 엄격한 문자적 해석은 미 복음주의자들에게 오아시스로 받아들여졌다. 미국에서 다비의 세대주의가 유행하게 된 이유였다.[130]

4) 세대주의를 대표하는 문화 장르

다비의 세대주의는 19세기 말과 20세기 초에 개최되었던 대부흥집회와 책자는 물론 주석성경, 정치적 지원, 영화 등을 통해 미국 전역으로 확산되면서 대중화된다. 기독교에서 비롯된 종말론 중 대중화에 있어서 세대주의를 넘어서는 것은 단연코 없다. 여타 종말론은 머리에 새기고 마음에 새겨야 남겠지만, 세대주의는 문화 속에 젖어 있다는 점에서 차이가 있다. 성도들이 쉽게 세대주의 종말론을 벗어날 수 없는 이유다. 그 대중화의 과정은 어떻게 진행됐을까?

① 1800년대의 세대주의적 장르
다비의 영향을 받아 교회와 이스라엘을 엄격히 구분한

---

130 김명도, 세대주의의 기원과 문제점, 기독교포털뉴스, https://www.kportalnews.co.kr/news/articleView.html?idxno=12783 2024.8.21. 검색

제임스 브룩스의 『마라나타』[131], 나폴레옹 3세를 적그리스도라며 1864년~1972년 사이에 마지막 때가 시작될 것이라고 주장한 조셉 사이스의 『마지막 때와 위대한 완성』(1856)[132], 495쇄 총 50만 부가 팔리며 세대주의 최초의 베스트셀러가 된 윌리엄 블랙스톤의 『예수께서 오신다』(1878)[133]가 세대주의를 대표하는 서적들이다. 찬송가에 있어서는 '내 평생에 가는 길'을 작사한 스패포드 부부도 있다. 이들은 재림을 기다리기 위해 1881년 배를 타고 예루살렘으로 간다.[134]

② 1900년대의 세대주의적 장르

1900년대에 들어서면서 세대주의를 대중화시키는데 가장 크게 공헌한 것은 스코필드 주석(1909년)이다. 스코필드(1843~1921)의 성경주석은 옥스퍼드 대학 출판부에서 역사상 가장 많이 팔린 책으로 기록되기도 했다. 1909년판 300만 부, 대대적으로 개정된 1967년판은 1천만 부 이상

---

131 Daniel G Humme, 101-102.
132 Daniel G Humme, 107.
133 Daniel G Humme, 178. 세대주의자들은 천년왕국전 재림설의 근거 구절을 복잡하게 제시했지만 블랙스톤은 이를 접근하기 쉽게 만들었다.
134 Daniel G. Hummel, 155-156.

팔린 것으로 집계됐다.[135] 그의 주석성경은 세대주의의 틀을 확립했고 세대주의 종말론을 성경주석 형태로 제시하면서 큰 인기를 끌었다. 세대주의의 표준 텍스트라고도 불리는 스코필드 주석은 선교사들도 애독하는 책이었다. 한국의 언더우드 선교사, 중국 가정교회를 이끌다가 투옥된 워치만 니가 각각 한국어, 중국어로 번역해 선교지에도 알려진다. 스코필드 주석성경은 세대주의의 표준화 작업을 했고 세대주의적 해석으로 성도들을 결집시켰으며 선교 사역을 통해 전세계로 퍼져나간다.[136]

스코필드의 특징은 다음과 같았다. 첫째, 문자적 해석법을 추구했다. 둘째, 이스라엘과 교회를 하나님의 두 백성으로 구분해서 가르쳤다. 각각 자체의 목적과 운명이 있는 두 백성으로 나누었고 이스라엘은 지상적이고 교회는 천상적으로 해석했다. 셋째, 세계 역사를 시대들 혹은 세대들로 정확하게 나누었다. 그는 일곱 세대로 나눴는데 1. 무죄시대(Innocence, 창조부터 인류 타락 전까지), 2. 양심시대(Conscience, 인류타락부터 노아까지), 3. 인간통치

---

135 Daniel G. Hummel, 211, William Bernstein, 380.
136 Daniel G. Hummel, 218-219.

시대(Human Government, 노아부터 아브라함 까지), 4. 약속시대(Promise, 아브라함부터 모세까지), 5. 율법시대 (Law, 모세부터 그리스도까지), 6. 은혜시대(Grace, 교회 시대), 7. 왕국시대 (Kingdom, 천년왕국)[137]였다.

넷째, 대환난 이전에 교회가 휴거된다고 하였다. 스코필드에 의하면 그리스도의 재림은 두 국면이 있는데 하나는 "휴거"(Rapture)로서 그리스도께서 교회를 땅에서부터 하늘로 옮기시는 것이다. 다른 하나는 7년 대환난의 끝에 그리스도께서 만민을 심판하시기 위해 보이는 모습으로 나타나시고 땅은 새롭게 된다는 것이다.[138] 스코필드는 1918년 11월 카네기홀에서 "우리가 이방인의 때의 끔찍한 종말에 있으며, 주님이 영광 가운데 개인적인 재림을 하시는 것 외에는 인류에게 아무런 희망이 없다는 경고"를 한다.[139] 이 세상의 끔찍한 종말을 고하던 그는 3년 후 먼저 이 세상에

---

137 김명도, '세대주의의 기원과 문제점', 기독교포털뉴스, 2013.11.8. 기사.

138 Dana L. Robert, "The Crisis of Missions': Premillennail Mission Theory and the Origins of Independent Evangelical Missions", in Earthen Vessels: American Evangelicalism and Foreign Mission, 1880-1980, eds, Joel A. Carpenter and Wilbert R, Shenk (Grand Rapids: Eerdmans, 1990), pp.44-45, 임웅기, [소논문]세대주의 종말론이 이단 발생에 미친 영향에서 재인용, 2024.8.15. 검색

139 Daniel G. Hummel, 239.

종말을 고하고 별세한다.

③ 1970년대 이후의 세대주의적 장르

세대주의는 이론적 정리 작업(일명, 학자적 세대주의) 기간을 거친 후 다시 절정의 기간을 맞이한다. 허멀에 따르면 1970년대 이후가 그 때다. 세대주의는 기독교의 우파, 텔레비전 전도, 기독교음악, 종교 문화를 통해 높은 인기를 얻게 된다. 할 린지의 『마지막 때의 위대한 행성지구』(1970)는 1967년 아랍-이스라엘 전쟁의 여파 속에서 집필된다. 이 책의 핵심 메시지는 첫째, 휴거와 그리스도의 재림이 있기 전에 유대 민족이 예루살렘을 되찾는다, 둘째, 예루살렘 성전이 재건된다(이를 위해서는 이방 신전은 파괴돼야 한다), 셋째, AD70년에 로마군대가 파괴한 희생 제사를 다시 드린다로 요약된다.

린지는 마태복음 24장을 예표적으로 읽으며 1948년 이스라엘의 독립부터 40년 정도 안에 이 모든 일이 일어날 수 있다고 예측했다. 1988년이 예언된 해였지만 그날 예언된 사건은 아무것도 벌어지지 않았다.[140] 거짓 예언에도 불구,

---

140 Daniel G. Hummel, 356.

그의 책은 1970년대에 초대형 베스트셀러로서 10년 동안 1천만 부, 1999년까지 2천800만 부가 팔린다.[141] 그리고 이 책은 세대주의가 소설, 영화, 음악 등 모든 유형의 매체와 대중문화 속으로 확산될 수 있는 길을 열었다.[142] 더불어 '휴거', '그리스도의 재림'은 이들에게 거대한 부를 안겨준다. 종말론자들은 재림을 말했지만, 이 땅에서 누릴 수 있는 수많은 특권과 부(고급 외제차, 대저택 등)를 누리며 살게 된 것이다.[143]

린지의 시대, 종말론적 소설 장르도 급성장한다. 세일럼 키르반은 휴거 후 남겨진 사람들을 위한 지침서 『살아남는 방법』(1968년)을 출간해 대성공을 거둔다. 이후 휴거 후 적그리스도의 통치에서 회심하는 조지의 이야기를 다룬 『666』(1970년), 그 후속편인 『1000』(1973)[144]을 잇달아 펴낸다. 캐럴 벨리제는 휴거를 알리기 위해 키프로스

---

141 Daniel G. Hummel, 357. 산술적으로 2천800만 부의 책이 팔릴 경우, 현재 화폐단위로 권당 최소 2천 원의 수익을 거뒀다고 치면 책을 통한 수익금만 560억 원이 된다. 세대주의 종말론은 그들에게 거대한 부가가치를 안겨주는 비즈니스였다.

142 Daniel G. Hummel, 363.

143 Daniel G. Hummel, 363. 이들은 책, 소책자, 영화, 텔레비전, 라디오쇼 등을 운영하는 거대 기업가가 된다. 수익금은 다시 미디어 제국을 창업하고 제작하는 데 재투자됐고 세대주의 종말론은 자연스레 대중에게 녹아들었다.

144 Daniel G. Hummel, 364. 천년왕국이 세워지고 천 년 후 사탄이 풀려나지만 최종적 패배를 그린 책이다.

섬을 파괴하는 혜성,
대규모 지진, 적그리
스도로서의 교황을
그린 『마지막 7년』
(1979년)을 썼다.[145]
무명작가 에드거 화
이즈넌트는 『1988
년에 휴거가 일어날
88가지 이유』(1988
년)라는 소책자를 써
서 일약 베스트셀러
작가 반열에 오른다.
이 책은 400만 부 이
상 판매된다.[146]

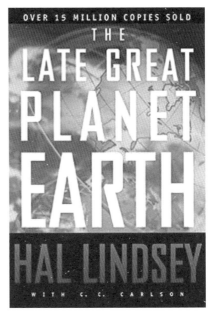

세대주의 초대형 베스트 셀러의 서막을 연 할 린지의 책,
『마지막 때의 위대한 행성 지구』. 이 책은 2천800만 부
가 팔린다.

　　세대주의 종말론은 영화로도 제작된다. 1억명은 봤
을 것으로 추정하는 도널드 톰슨의 휴거 영화 '밤중의
도둑'(1972년), 이 영화의 성공 이후 후속작으로 '먼 천

145 Daniel G. Hummel, 365.
146 Daniel G. Hummel, 423.

둥'(1978년), '짐승의 모습'(1981년), '탕자행성'(1983년)이 제작된다. 영화 산업은 지속돼 '재림'(1984년), '미래의 긴장'(1990년)까지 다양한 영화가 만들어진다. 여기에 기독교록(Rock)의 선구자들이 곡을 붙이면서 인쇄물, 영화는 물론 음악을 통해 휴거와 아마겟돈, 세계정부 등 세대주의 종말론은 수백, 수천만 명의 사람들에게 노출된다.[147] 팀라헤이와 소설가 젱킨스의 『남겨진 사람들』(일명 레프트 비하인드, 1995~2007)은 1995년 시리즈물을 시작했고 8천만 부 이상이 팔렸다.[148]

세대주의는 대중문화 장르에 그치지 않고 미국 정치권과 결합한다. 이는 전혀 다른 차원의 문제를 낳았다. 세대주의 종말론을 소설화한 베스트셀러 작가 팀 라헤이는 미국 공화당 안에서 보수적 그리스도인들을 정치 세력으로 조직화했고 자신의 정치적 궤적에 세대주의적 사고와 철학을 구현했다.[149] 미국 대통령 로널드 레이건도 세대주의와 정치권과의 결합에 적잖은 공을 세운다. 그는 1981년 당선된

---

147 Daniel G. Hummel, 367 참고.
148 요즘 일반 출판물이 한권당 2천원의 수익을 내는 것으로 환산한다면 이 책은 약 1천 600 억원의 수익을 거뒀다는 계산이 나온다.
149 Daniel G. Hummel, 404.

후 재선에 성공해 1989년까지 재임하며 적어도 다섯 차례 이상을 아마겟돈 전쟁이 현 세대에 일어날 수 있으며 그곳은 중동이라고 언급했다.[150] 선거 캠페인 기간 동안 '로널드 레이건과 아마겟돈의 예언'이란 다큐멘터리는 11회 상영됐다. 레이건은 미국의 대중적 세대주의가 문화영역은 물론 정치에 어떻게 스며들었는지를 잘 보여준 인물이다.[151]

세대주의의 특징 중 하나는 구약에서 말씀한 이스라엘에 대한 약속을 실제 팔레스타인에 위치한 현대 이스라엘과 동일시한다는 점이다. 특히 창세기 12장 3절,[152] 하나님께서 아브라함에게 약속하신 말씀을 현대 국가적 이스라엘에 적용하는 것이다. 세대주의자들에게 있어서 그리스도인들은 그가 정치를 하든 무엇을 하든, 국가적 이스라엘을 지지해야만 성경적인 신앙이 되고 복을 받는 비결이 된다. 2002년 인디애나주 초선의원 마이크 펜스는 다음과 같이 말했다고 한다.

---

150 Daniel G. Hummel, 418.
151 Daniel G. Hummel, 419.
152 "너를 축복하는 자에게는 내가 복을 내리고 너를 저주하는 자에게는 내가 저주하리니 땅의 모든 족속이 너를 인하여 복을 얻을 것이니라 하신지라."

"성경에서 하느님은 아브라함에게 '너를 축복하는 자에게는 내가 복을 내리고, 너를 저주하는 자에게는 내가 저주를 내리리라'고 약속하셨습니다. …저는 미국의 안보가 이스라엘과 함께 하려는 의지에 달려 있다고 믿습니다."[153]

미국의 안보는 결국 이스라엘과 함께 하느냐, 아니냐에 달려 있다는 견해다. 역시 미국 공화당 소속으로 1967년 오클라호마 하원의원에 당선된 뒤 거의 평생을 정계에 몸담았던 제임스 인호프 의원은 이스라엘이 가자 지구와 요르단강 서안을 점령한 권리가 있느냐는 질문에 "하나님이 명하신 것입니다"라고 답했다.[154] 번스타인은 이런 세대주의 종말론이 도덕률처럼 확산된 사회는 그에 상응하는 사회적 비용을 지출해야만 한다고 경고한다.[155]

이제 이해가 좀 되지 않는가? 아무리 신학교는 물론 교회에서 세대주의의 문제점을 지적하고, 심지어 세대주의에 영향을 받은 시한부 종말론으로 전 사회가 홍역을 잃아도

---

153 Miles A. Pomper, "Church, Not State, Guides Some Lawmakers on Middle East", Congressional Quarterly Vol. 58에서 윌리엄 번스타인, 470 재인용

154 William Bernstein, 471.

155 William Bernstein, 485.

이 종말론이 쉽게 사라지지 않는 이유를.

　지금까지 간략하게 살폈지만 세대주의는 대중문화와 강력하게 결합했다. 미국 정치 속에도 스며들었다. 그래서 세대주의 종말론을 접한 사람들의 의식은 쉽게 수정되지 않는다. 게다가 이 종말론을 앞세워서 주장하는 선두주자들에게는 '부'와 '특권'이 따라다녔다. 결국 '종말 코인', '종말 비즈니스'가 가능하다는 이야기다. 종말을 주도적으로 부르짖는 사람일수록 사람들의 호기심을 자극해서 인기를 끌었고 사람들로부터 끌어들인 재화를 바탕으로 지도자는 부동산 소유, 주식 투자를 하며 물의를 빚는 경우가 많다는 것은 역사가 증명해왔다. 과거에는 책과 영화라는 문화 장르를 통해 '종말 사업'을 해왔다면 이제 그 자리는 유튜브가 대신하고 있다.

　다시 정리해보자. 세대주의 종말론의 주요 요점은 다음과 같다. 세대주의 종말론은 이 시나리오를 넘어선 적이 결코 없다.

　이 세대의 끝에 참 그리스도인들은 공중에서 예수를 만나기 위해 갑자기 하늘로 들려 올라간다. 교회가 지상에서 제거됨에 따라 하나님은 세계구속 계획의 일환으로 7년 동안 심판을 내릴 것이다. 하나님은 악이 다스리게 허락하실 것이며 적그리스도 세력이 일어나게 허용하실 것이다. 사탄이 단일 세계정부의 인간 독재자와 융합한다. 역병, 지정학적 음모, 전쟁이 뒤따르고 지구는 황폐해질 것이다. 하나님은 택하신 백성이자 세계구속을 위한 도구인 이스라엘을 초자연적으로 보호하시며 7년 대환난의 끝에 아마겟돈 전쟁에서 적그리스도의 세력을 물리치시고 승리를 거둔 다음 사탄은 천 년 동안 묶일 것이다. 그리고 천년왕국 후에 그리스도께서 사탄과 마지막 대결을 펼치고 마귀를 불못에 던지고 인류 최후의 심판을 하신다.[156]

이제 20세기에 등장한 종말론자들을 요약해서 살펴본 후 '세상을 유혹한 종말론자' 한국 편으로 넘어가보자.

20세기, 종말을 예언한 사람들[157]

도로시 마틴, 1954년 8월 1일 미국 대재앙. 손이 찌릿

---

156 Daniel G. Hummel, 32.
157 종말을 예언한 사람들의 목록은 각종 도서와 인터넷을 통해 수집했다. 출처가 없는 것은 가능한한 생략했고 책자를 통해 출처가 표기된 예언을 중심으로 정리했다.

찌릿하고 간질간질해질 때마다 외계인의 계시를 받아적는다는 도로시 마틴이 UFO가 멸망하는 세상을 구원할 것이라 주장.[158]

사이비 단체, 가이아나의 존스타운의 제임스 워런 존스, 1967년 핵에 의한 대학살 주장했으나 실패하고 1978년 11월 신도 913명과 집단 자살.[159]

신사도 운동의 원조격인 윌리엄 브래넘, 1977년이 휴거와 세상의 종말의 해라고 주장.[160]

아칸소 셰퍼드채플의 아돌드 머레이, 1981년 이전에 적그리스도 출현, 1985년 6월에 인류 최후의 전쟁 아마겟돈 전쟁 시작할 것이라고 예언

빌머핀, Lighthouse gospel foundation이라는 단체를 설립하고 1981년 6월 28일 휴거의 날이 될 거라고 주장,

---

158 William Bernstein, 235

159 Eugen Weber, 310.

160 The expectation of his resurrection remained strong into the 1970s, in part based on Branham's prediction that the rapture could occur by 1977, 위키피디아 https://en.wikipedia.org/wiki/William_M._Branham 2024.8.22. 검색

이날 구원된 자들은 마치 헬륨 풍선처럼 영적으로 떠오르게 될 것이라고 했으나 예언이 실패하자 40일 후에 다시 일어날 것이라고 예언했는데, 그는 주장하길 노아의 방주가 40일 동안 차근차근 떠올랐듯, 자신의 예언도 그럴 것이라는 궤변을 늘어놓았다.[161]

미국 유명 텔레비전 설교자 팻 로버트슨, 1982년 지구 종말을 예언했다가 실패, 이후 2006년 태평양 북서부 쓰나미 강타 예언, 2007년 전세계적인 테러 공격으로 많은 사람 목숨 잃는다는 예언, 2012년 대통령 선거에서 밋 롬니 승리 예언(실제는 버락 오바마 당선)[162]

'천년왕국 관측 연구소'의 1985년 예수 재림 예언.[163]

만물승리교회의 예언자라는 엘리자베스 클레르, 1989년 재림 예정이라고 주장.[164]

---

161 네이버 카페, "실패한 예언들의 집대성" https://blog.naver.com/jogae-won/220303239483 2024. 8.23 검색.
162 William Bernstein, 475.
163 Eugen Weber, 303,
164 Eugen Weber, 303.

초대형 베스트셀러 『마지막 때의 위대한 행성지구』(1970)를 쓴 할 린지, 그리스도가 1988년 재림한다고 주장. 근거는 이스라엘의 독립 연도인 1948년에 한 세대를 40년으로 합산한 것이다.

『1988년에 휴거가 일어날 88가지 이유』(1988년)의 저자 에드거 화이즈넌트, 휴거는 1988년 9월 11일부터 9월 13일 사이의 유대교 명절인 로쉬 하샤나(나팔절)에 일어난다고 주장. 7은 완성의 의미, 280은 사람의 임신 기간을 의미한다고 주장하며 7×280=1960을 산출했고, 여기에 예수님께서 공생애를 드러내신 해를 서기 28년이라며 1960+28=1988년을 산출했다.[165]

『마지막 때』(1978년)의 저자 척 스미스, '이 세대가 지나가기 전에 이 일이 다 일어나리라'(마 24:34)는 성경 구절을 근거로 1981년을 휴거의 날짜로 지정[166]했다. 이스라엘 독립 연도인 1948년에 한세대를 더하면 1988년이 세상 끝이 된다. 그러나 여기에 7년 대환난이 있으니 1988-

---

165 Daniel G. Hummel, 424.
166 Daniel G. Hummel, 370.

7=1981년이라는 것이었다.[167]

피터 루크맨, 성경 분석한 결과 1990년 즈음 휴거가 일어날 것이라고 주장했다.[168]

싱가폴인 예언가 카이 록은 예수가 1986년과 1990년 사이에 재림할 것이며, 아마겟돈(소련과 미국의 전쟁)은 1984년과 1988년 사이에 이루어질 것이라고 말했다, 그는 목성 효과가 자신의 주장을 뒷받침한다는 궤변을 했다.[169]

다윗파로 불리는 사이비 교주 데이비드 코레쉬, 1993년 3월 계시록의 여섯 번째 봉인이 풀리는 분노의 날이라며 신도들과 식량과 무기를 저장하며 종말 대비. 본명은 버넌 웨인 하월이었으나 다윗과 유대인을 바빌로니아로부터 해방시킨 페르시아의 왕 키루스 2세의 이름을 조합하여 데이비드 코레시로 개명했다. 종말론에 심취하여 재림 예수

---

167 Daniel G. Hummel, 371.

168 Sylvia Browne, 『종말론』 노혜숙 역 (경기도: 위즈덤하우스, 2010), 177.

169 실패한 예언들의 집대성 자료 참고, https://blog.naver.com/jogae-won/220303239483, 2024.8.22.일 검색.

를 자칭, 아마게돈에 대비한다며 텍사스주의 웨이코의 다윗파 본부에 수많은 총기와 탄약을 비축하였다. 1993년 2월 28일, ATF의 압수 수색이 총격전으로 이어지면서 51일 동안 대치하다가 건물에 발생한 화재로 데이비드 코레시를 비롯한 성인 55명과 28명의 아이가 사망하는 참사를 일으켰다.[170]

하나님의 자녀라 불리는 단체의 모세 데이비드, 1986년 아마겟돈 전쟁으로 이스라엘과 미국이 모두 러시아에 패배하고 그 후 세계적인 공산정권이 수립되고 1993년에 그리스도가 재림할 것이라고 주장했다.[171]

1994년 R.M 라일리, 그의 책 『1994: 운명의 해』에서 1994년이 바로 휴거의 연도가 될 것이라고 예언했다.

목회자였던 존 힝클은 1994년 6월 9일이 종말의 날이라고 예언했었다, "신은 이날 이 세상의 악을 찢어 없애 버려야 했다"라는 예언이 실패하자 그는 보이지 않는 곳에서 이

---

170 Eugen Weber, 313. 위키백과 데이비드 코레시 항목 참고 https://ko.wikipedia.org/wiki/%EB%8D%B0%EC%9D%B4%EB%B9%84%EB%93%9C_%EC%BD%94%EB%A0%88%EC%8B%9C 2024.8.23. 검색.

171 Sylvia Browne, 177.

미 그런 일이 시작되었다고 말했다.

1997년 3월, 우주선이 자신들을 천국으로 데려다 줄 것이라고 믿은 '컴퓨터 관련 교단'의 회원들이 웹사이트에 인사말을 남기고 집단 자살. 이들은 두 명의 지도자를 하나님의 성전의 기둥(계 3:12)으로 일컬었고 그들이 "새로운 예루살렘의 비밀을 풀러 왔다고 주장했다.[172]

옴진리교의 아사하라 쇼코, 명상을 하다가 아마겟돈이 20세기 말에 오리라는 것을 깨달았다며 『멸망의 날』이란 책을 통해 1997년, 1999년, 2001년 종말 시작을 예언했다. 종말을 견뎌내기 위해 피난처를 만들고 신도들을 불러 모았고 옴진리교 신도들이 노력하면 아마겟돈의 희생에서 세계 인구의 1/4은 구할 수 있다고 주장했다. 이들은 자신들의 무리를 이탈하거나 비난하는 사람들을 감금, 납치, 살인하기도 했으며 1995년 5월 16일, 도쿄 지하철에 신경계 약물인 샤린 가스를 살포해 수천 명의 시민이 피해를 입었고 11명은 사망했다. 아사하라 쇼코는 이 문제로 사형을 선

---

172 Eugen Weber, 315.

고 받아 2018년 7월 교수형으로 사망한다.[173]

1998년 Wake UP America(깨어나라 미국) 세미나의 래리 윌슨은 예수 재림을 "2008년" 정도로 예언했다.

해롤드 캠핑, 2011년 5월 21일 예수가 재림한다는 시한부 종말론을 주장해 물의를 일으켰다.

---

173 Eugen Weber, 318-319.

2막
·
한국편

2막 · 한국편

　세대주의는 19세기 후반 (1878~1890)에 활발하게 사경회 및 성경 예언 모임을 통하여 널리 파급되어 갔다. 19세기 말이나 20세기 초에 세워진 대부분의 성경학교들은 세대주의자들에 의해 운영되었고, 특히 그리스도의 임박한 재림 인식은 전도와 선교에 대한 열정을 낳게 했다. 그리고 1875년 대부분 미국의 복음주의자들이 세대주의를 신봉하게 되었다. 그들의 부흥이나 선교 운동의 동기는 시대적인 현상들을 말세적 징조로 해석하고 현재의 세상을 하나님의 심판을 앞두고 멸망해 가는 것으로 보았으며 선교나 전도의 초점이 개인의 영혼 구원에 있었다.[1] 그래서 미국의 19세기는 타 민족에 대한 영혼구원에 대한 동기가 일어나 선교 운동이 활발하게 전개되기 시작하였다.

　임웅기는 세대주의 영향을 받은 선교사로 제임스 게일 (James S. Gale), 마포삼열로 불리는 사무엘 마펫, 배위량으로 불리는 윌리암 M. 베어드, 소안론으로 불리는 스왈른

1 　R. Pierci Beaver, "Eschatology in American Missions", Basileia, Walter Freytag zum 60 Geburtstag, eds. J. Hermelink and H.J. Margul(Stuttgart: Evang. Mis sionsverlag, 1959), pp.69-70에서 임웅기, 소논문 '세대주의 종말론이 이단 발생에 미친 영향', 기독교포털뉴스 2014년 1월 27일 기사에서 재인용.

선교사 등을 꼽는다. 또한 이들에게서 영향을 받은 대표적인 인물이 길선주 목사라고 기록한다.

"평양신학교를 세우고 초대교장이 된 마포삼열 선교사, 스왈렌 선교사, 언더우드 선교사의 영향을 받은 평양신학교 졸업생 7인과 부흥사 김익두 목사의 절대적인 영향력은 이루 말할 수 없었다. 그들로부터 영향을 받은 사람들 가운데 세대주의가 주장하는 일곱 세대인 무죄세대(타락 이전), 양심 세대(타락부터 노아까지), 인간 통치 세대(노아부터 아브라함까지), 언약세대(아브라함부터 모세까지), 율법 세대(모세부터 그리스도까지), 은혜 세대(교회 시대), 왕국시대(천년왕국)로 구분하는 시대 구분이 나타났다.

이런 성경구조는 고스란히 이단 사이비 종교 운동에도 흘러 들어갔다. 이단 단체의 창교자들은 세대주의 종말론처럼 아담의 시대, 노아의 시대, 아브라함의 시대, 모세의 시대, 예수의 시대, 그리고 재림주(구원자)의 도래 시대 등으로 시대를 구분하고 각 시대마다 구원의 방법이 다르다는 이단 교리를 가르치며 결국엔 창교자를 재림주로 주장하는 황당무계한 현상으로까지 발전하게 된 것이다.

재림주 사상은 결국 한국 사회에 깊이 뿌리 내린 불교의 미륵불, 민족종교의 정도령 사상, 그리고 기독교의 그리스도의 재림주와 결합하여 이단사이비 종파 형성에 도화선이 되었다. 21세기 문명과학의 시대가 도래 했지만 지금도 임박한 종말론 또는 유사한 종말론 사상으로 명맥이 유지되어 한국 사회와 한국교회를 어지럽히는 이단 사이비 종파 운동으로 진행되고 있다.

그러므로 한국교회의 목회자들과 신학대학교에서는 이 문제의 심각성을 새삼 가져 바른 신학을 어떻게 정립하고 이를 한국교회에 어떻게 접목시켜 뿌리를 내릴 것인지 심각하게 고민하고 해답을 내놓는 일에 대해 책임감을 가져야 한다."[2]

세대주의 종말론은 세계복음화와 특별히 한국 선교에 큰 공헌을 했다. 역사에 만일은 없지만, 다비의 세대주의가 미국으로 건너가지 않고, 또 무디의 부흥운동과 결합하지 못했다면 어쩌면 한국에 복음이 전파되지 않았을 수도 있다. 따라서 세대주의 종말론이 가진 한계와 문제에도 불구하고 그 종말론과 복음운동의 결합은 그 어느 세대보다 뜨거

---

2 임웅기, 소논문 '세대주의 종말론이 이단 발생에 미친 영향', 기독교포털뉴스, 2014년 1월 27일자 기사

운 선교열정으로 나타난 데 대해 우리는 한편으로 감사해야 할 것이다.

그러나 이 운동은 정통교회뿐 아니라 특별히 이단사이비의 종말론과 결합하며 한국사회의 비정상적 종말론 신드롬으로 이어지게 된다. 한국에서 시작한 현대판 시한부 종말론은 거의 세대주의에서 나왔다고 해도 과언이 아니다. 특히 이장림의 시한부 종말론은 100여 년 전, 존넬슨 다비를 비롯한 세대주의의 선배들에게서 전수된 것이다.

한국에는 어떤 종말론자들이 나타났을까?

1. 새시대의 심판자 남방여왕(1920년대 활동)[3]

1920년대, 한국 초대교회사에 생몰연대가 불분명한, 재미있는 이름으로 남은 사람이 한 명 등장한다. 바로 '남방여왕'이다. 그녀의 본명은 이월리(李月里)지만 사사(四四)라는 가명을 썼고 세상에는 남방여왕으로 더 잘 알려졌다.[4] 남방여왕이라는 교주는 약 10년 동안 한반도 각지를 순회하며 활동했다.

그녀는 자칭 여왕답게 홀로 다니지 않고 많은 남녀 수행원을 데리고 다니며 여러 지방을 순회했다. 교회당을 빌려 집회를 했는데 신약의 요한계시록을 1장에서부터 마지막 장인 22장까지 꼭 한 번씩 통독한 뒤에 병자에게 손을 얹어서 기도하는 방식으로 진행했다. 당시에는 남방여왕의 안수를 받으면 만병통치가 된다는 소문이 퍼졌다.

1929년의 일이다. 김해읍 교회를 남방여왕의 수행원들이 찾았다. "남방여왕께서 이 교회를 쓰시겠다 하라"는 말

---

3 양형주·정윤석, 『내가 신이다』 (경기도: 기독교포털뉴스, 2023), 24-27.
4 "자칭 남방여왕", 조선일보, 1935.5.12.

自稱南方女王!

惑世誣民의 怪女再現

私生子는 母세라고 名稱부치고

進永一境서 邪道宣傳

南浦에 天然痘猖獗

患者二十餘名發生

'자칭 남방여왕' 혹세무민의 괴녀재현이란 제목으로 1935년 5월 12일자 조선일보 기사가 나왔다.

을 전한 것이었다. 당시 담임목사였던 조승제는 단박에 거절했다. 이 일이 있고 한 주가 지나서 남방여왕은 그를 수행하던 한 남자와 마산선 진영역 앞에 있는 한 여관에서 음행하다가 경찰에 발각되었고, 그 행위가 상습적임이 인정되어 검찰에 송치되는 해프닝이 있었다.[5]

---

5 조승제, 『목회여담』 (서울: 향린사, 1965), 96; 이장식, 『한국교회의 어제와 오늘』 (서

남방여왕의 행적과 관련한 자료는 빈약하지만, 남겨진 자료에서 몇 가지 특징을 확인할 수 있다.

첫째, 계시록을 통독했다.
둘째, 만병통치의 기적을 행한다고 주장했다.
셋째, 안수 기도를 하면 만병이 치유된다고 주장했다.
넷째, 수행하던 남자와 습관적인 음행을 일삼았다.

남방여왕의 행적을 살펴보면 그녀는 100년 전의 교주였지만 그녀의 행태는 오늘날 신으로 자처하는 사이비 교주들의 행태들과 매우 닮았음을 알 수 있다. 그녀는 성경을 자기 편한 식으로 해석하고 성경에 등장하는 인물을 오늘날 실제로 성취된 '실상'의 인물인 것처럼 대입했다. 이러한 해석은 오늘날 신천지의 해석과 유사하다. 그녀가 남방여왕으로 불렸던 근거는 성경 마태복음 12장 42절에 있다.

"심판 때에 남방 여왕이 일어나 이 세대 사람을 정죄하리니 이는 그가 솔로몬의 지혜로운 말을 들으려고 땅 끝에서 왔음이어니와 솔로몬보다 더 큰 이가 여기 있느니라."

울: 대한기독교출판사, 1990), 189-190에서 재인용.

마태복음에 나오는 남방여왕은 어려운 문제로 솔로몬 왕을 시험하고자 왔던 '스바의 여왕'을 가리킨다(왕상 10:1~13). 스바는 오늘날의 에티오피아에 해당하며, 이스라엘의 남단에 있었다. 남쪽 왕국에서 온 여왕이라 하여 '남방여왕'이라 불렀던 것이다. 그녀는 솔로몬 왕을 찾아와 그의 지혜를 받아들였다. 하지만 예수 시대에 예수를 반대하던 바리새인과 서기관들은 예수의 말씀을 받아들이기를 거부했다. 예수께서는 마지막 심판 때에는 기꺼이 마음을 열고 진리를 받아들였던 스바의 여왕, 곧 남방여왕이 일어나 솔로몬보다 더 크신 예수의 말씀을 거부하는 이 세대 사람들을 정죄할 것이라 말씀한다. 이는 솔로몬보다 더 큰 예수의 권위를 강조하며 그의 구원의 말씀을 들어야 함을 강조하는 표현이었다. 하지만 '남방여왕'은 엉뚱하게도 그리스도가 아니라 자신을 심판자로 해석하고는 자신이 곧 심판 때에 이 세대 사람을 정죄할 바로 '그 사람'임을 강조하는 해석을 하고 자신이 활동하던 1920~1930년대를 심판의 때라고 선포하고 다녔다. 그녀는 기독교계에서 활발하게 활동을 시작했지만 음행 사건이 발각되어 감옥에 갇힌 이후 그 세력이 약화됐고, 큰 영향을 끼치지 못하고 사라졌다.

2. 한국형 한 때 두 때 반 때의 원조, 한에녹(1887~1973)

2023년은 시한부 종말론자들에게 매우 중요한 해였다. 시한부 종말론자들 중에 세계 종말을 2023년이라고 못 박아 말한 사람이 있어서다. 그 원조는 지식인이자 사업가요 애국 독립지사로도 명성을 떨쳤던 한에녹(본명 한진교)이다. 그는 '한 때 두 때 반 때'를 체계화하고 직통계시·신비주의 행각을 하던 사람이다.

그는 성경이 말씀하는 한 때 두 때 반 때(단 7:25, 12:7 계 11:2, 3 등 근거)를 1260년으로 계산하는 특징을 보였다. 1년, 2년, 반년, 즉 3년 6개월(42개월), 1260일(단 12:11)에 1일을 1년으로 해석하는 '연일 계산법'을 적용한다. 1260일을 1260년으로 해석해 이 때 특별한 일이 발생하는 걸로 예언하는데, 시작 기점을 언제로 했을까? 그는 예루살렘에 이슬람사원이 들어섰다는 연도를 688년이라고 주장한다. 그 해를 '멸망의 가증한 것을 세운 때'라고 기준점을 정하고 688년에 1260을 더해 1948년이란 숫자를 만들어냈다. 1948년 하면 뭐가 떠오를까? 그렇다. 한에녹은 1948년을 이스라엘이 독립하는 해라고 계산한다. 그런데 이 예언을 이미 1948년 이전부터 한 것으로 알려진다.

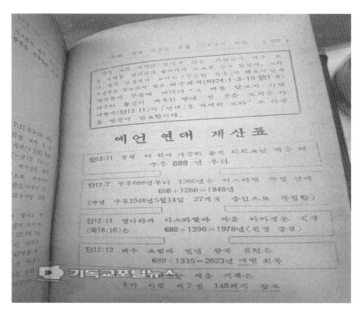

한에녹의 종말 연대표. 한 때 두 때 반 때를 1260년으로 해석해 종말의 때를 예측하는 특성을 보였다.

여기서 끝나지 않는다. 그는 "매일 드리는 제사를 폐하며 멸망하게 할 가증한 것을 세울 때부터 천이백구십 일을 지낼 것이요"(단 12:11)라는 말씀을 688년에 또 대입했다. 688+1290=1978년, 이때 아마겟돈 전쟁 및 전쟁 종결이 된다고 주장한다. 단 12:12(기다려서 천삼백삼십오 일까지 이르는 그 사람은 복이 있으리라)을 근거로 688년에 1335를 더해 2023년을 에덴회복의 때로 예언한다.

1948년 - 이스라엘 독립
1978년 - 아마겟돈 전쟁
2023년 - 에덴회복

　이 세 가지 특정 연대를 성경을 묵상하며 기도하던 중 깨달았다고 한 게 한에녹이다. 이때 그는 홀연히 비밀의 열쇠를 받은 것이라 하며 마치 감추었던 보배를 찾은 것처럼 기뻐했다고 한다. 한에녹의 주장은 1947년 12월 '영원한 복음'이란 책에 등장하고, 이후 1948년 5월 14일 이스라엘이 실제로 독립했으니 70년 전 이 땅을 살던 한에녹의 위상과 위세는 상상하기조차 힘들다.

　세 가지 연대와 더불어 그는 예수님이 '삼림'하신다고 주장한 것도 특징이다. 예수님이 이 땅에 태어나신 것을 초림, 천년왕국 전에 오시는 것을 재림, 천년왕국 후에 심판을 위해 오심을 삼림이라고 주장했다. 특히 천년왕국 전에 오시는 재림의 시기를 2023년으로 삼았는데, 의심하는 자들에게 그가 남긴 한마디는 뭐였을까? "1948년에 내가 예언한 이스라엘의 독립이 이뤄졌잖은가, 그대는 제2, 제3의 연대를 반신반의할 이유가 무엇인가?"라고 했을 게 뻔

하다.[6]

　한 때 두 때 반 때와 예수 삼림의 원조 한에녹은 서울의 한교회에서 장로로 지냈고 교회 내에서도 그의 행태를 문제 삼아야 한다는 분위기가 있었던 것으로 전해진다. '영원한 복음'을 새로운 진리처럼 주장하던 그는 1973년 별세했고, 그의 한 때 두 때 반 때 해석은 기독교복음선교회의 설립자 정명석 교주의 30개론 고급편, 한 때 두 때 반 때 편에서도 아주 상세하게 반복된다. 역시 해 아래 새것은 없다.

　또한 그가 종말의 해로 정한 2023년도 어느 해와 다를 바 없이 폐렴, 원숭이 두창 등 역병, 튀르키예 대지진, 이스라엘 하마스 간 전쟁을 치르며 지나갔다.

---

6 최중현, '예수의 재림을 '제1차 재림', '제2차 재림'으로 언급한 한진교', http://www.breaknews.com/505791, 2024.8.5. 검색

3. 지구 최후의 날을 예언한 어린 종 유재열(1949~)[7]

'강남 스타일'이 전 세계 히트상품이 될 때 느닷없이 싸이의 종교가 관심거리로 떠올랐다. '신천지다, 아니다' 등등 갑작스레 신천지 논란이 일었지만 정작 싸이의 종교가 무엇인지는 알려지지 않았다. 그러나 확실한 것 한 가지가 있다. 그가 신천지의 형님뻘 되는, 사이비 계보사의 한 시대를 풍미했던 유재열의 사위라는 점이다. 그래서 '강남스타일'의 인기와 더불어 세인의 관심이 유재열이란 인물에 쏠리기도 했다. 유재열은 누구일까?

그가 교주로 나서기 전 몸담았던 곳은 김종규의 호생기도원(1964년 설립)이었다. 당시 유재열은 고등학교 재학시절 기계체조 선수였다. 그는 고등학교 2학년 중퇴 시까지 금메달도 여러 개 획득할 정도로 어느 정도 재능을 인정받았다. 당시 그는 일본 원정 경기를 앞두고 있었다. 하지만 일본어를 할 줄 몰랐다. 그러던 어느 날 유재열의 모친이 호생기도원을 출입하며 방언의 은사를 받았다. 그런데 방언을 하는 것이 흡사 중국어와 같았다. 이런 모친을 보고

---

7 양형주·정윤석, 『내가 신이다』, 133-141.

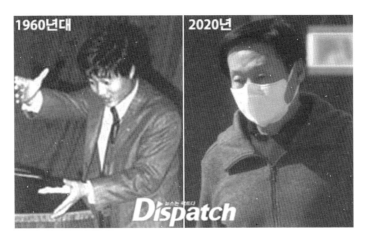
디스패치에서 보도한 어린종 유재열의 과거와 현재

유재열은 일본 원정을 가기 전, 일본어 방언을 받기만 하면 마음대로 일본어를 구사할 수 있다는 계산으로 모친을 따라 호생기도원에 출입한다.[8] 방언을 받으면 쉽사리 일본어도 익힐 수 있을 것이라는 착각 때문이었다.

 당시 호생기도원의 원장이었던 김종규는 그곳에서 '주님' 또는 '아버님'으로 불리며 남신으로 군림하고 있었다. 신으로 군림하던 김종규는 여신도들을 밤마다 자신의 방으로 불러들였다. 그렇게 간통한 여성이 60여 명에 이르렀다

---

8 탁명환, 『기독교이단연구』, (서울: 1986, 국종출판사), 343.

고 한다.[9] 유재열은 교주의 여신도 간음 사건을 보고 큰 실망을 하였다. 결국, 일부 신도와 호생기도원을 탈퇴한 유재열은 1966년 4월 아버지 유인구 등과 함께 경기도 과천, 청계산 저수지에 장막성전을 세웠다.[10] 이때가 유재열이 아직 고등학교에 다니던 17세였다. 한국 이단계보 역사상 가장 어린 교주의 등장인 셈이다.

장막성전을 세우기 전, 신도들과 유재열은 신비로운 체험을 한다. 김종규에게 실망하고 나온 27명의 신도들은 과천의 유인구의 집에서 모임을 했다. 1966년 3월, 유재열이 운동을 하고 몸을 씻는데 갑자기 태양빛이 나타나 비추는 것을 봤다는 신도들이 나타났다. 유재열이 몸을 씻다 말고 빛을 피해 방으로 들어가자 태양빛이 그를 따라 들어갔고 유재열은 갑자기 쓰러져버렸다. 그의 아버지 유인구는 죽은 듯 쓰러진 유재열의 입속으로 두루마리가 들어가는 환상을 본다. 마치 요한계시록 10장[11]에서 사도 요한이 책을 받아먹는 체험을 연상케 하는 환상이었다. 다른 신도들도

---

9 탁명환, 『한국의 신흥종교: 기독교편 3권』, 52.

10 탁지일, 『사료 한국의 신흥종교』 (서울: 현대종교, 2009), 247, 257.

11 내가 천사에게 나아가 작은 두루마리를 달라 한즉 천사가 이르되 갖자 먹어 버리라 네 배에는 쓰나 네 입에는 꿀같이 달리라 하거늘 내가 천사의 손에서 작은 두루마리를 갖다 먹어 버리니(계10:9-10).

이를 봤다고 주장한다. 유인구의 환상 속에서 두루마리를 받아먹은 유재열은 누운 채로 있었고 그 입에서 종이테이프 같은 걸 끄집어냈는데 그걸 모두 끌어내서 모으니 한 권의 성경책이 되었다. 그다음에 지구 모형을 두 손안에 넣고 힘을 주어서 부수니 지구 모형에서 피가 주르륵 나왔다. 이런 신비체험을 했다는 27명의 신도들이 1966년 4월 4일 청계산 계곡 속에서 장막을 짓고 6개월간 기도 생활을 하면서 장막성전은 시작된다.[12] 유재열은 설교 시에 자주 요한계시록을 인용하며 일곱 인으로 봉한 책 속의 비밀은 마지막 새 역사를 말한 것이라며 새 역사는 두루마리를 먹은 자가 공급해 주는 것이라고 강조했다.[13]

유재열은 장막성전의 계시가 임했다는 1966년 3월을 기점으로 한 때 두 때 반 때가 지나가는 3년 반 이후, 1969년 9월 14일을 세계 종말의 때로 예언했다. 이 예언을 믿고 2천여 명이 재산을 바치고 장막성전으로 들어간다.

그 후 유재열은 요한계시록 7장 3, 4절에 나오는 인 맞은

---

12 탁명환, 『한국의 신흥종교: 기독교편 3권』, 52–53.
13 유재열 교주의 설교(1968–1980. 5. 18.까지), 『영원한 생명』(미출판자료), 347.

자 14만 4천이라는 숫자를 악용, 종말이 다가오면 자신의 말을 믿고 따르는 사람, 실제 숫자 14만 4천 명만 천국으로 갈 수 있다고 주장한다.[14] 또한, 그는 자신을 감람나무, 순, 군왕, 선지자라고 하면서 "군왕의 말에 순종하는 자는 세상의 종말이 와도 죽지 않고 영생을 얻을 수 있다."라고 했다. 전국 각지에서 종말론 공포에 빠진 사람들이 유재열의 말을 믿고 청계산으로 모여들었다. 14만 4천 명 안에 들기 위해 집과 재산을 아낌없이 팔았다. 그러나 유재열은 신도들의 헌금으로 "호화주택을 짓고 고급 승용차를 타고 요정과 나이트클럽에서 술과 여자로 향락을 일삼았다."[15]

한때 구속됐다가 출소한 후 유재열은 사업가로 변신, 상당한 성공을 이룬다. 그가 소유한 것으로 전해지는 서울 논현동 J빌딩의 경우 부지만 325평이다. 부동산 전문가는 디스패치와의 인터뷰에서 강남 시세를 따졌을 때 최소 2백억 원 이상이라고 추정했다. 유재열이 사는 집은 서울 한남동 L하우스이며 지난 2018년, 64억 원을 주고 매입했다. 등기상 주인은 아내이다. 그들은 서울 청담동에도 154평(부

---

14 우리가 우리 하나님의 종들의 이마에 인(印) 치기까지 땅이나 바다나 나무들을 해하지 말라 하더라. 내가 인침을 받은 자의 수를 들으니 이스라엘 자손의 각 지파 중에서 14만 4천이니(계 7:3-4)

15 『동아일보』 1975. 4. 3.

지) 규모의 대저택을 소유하고 있었다. 강원도 평창에는 자녀 공동명의의 땅이 있다. 제주시 연동에도 건물이 있다. 해당 건물과 옆 건물, 그리고 건물 사이의 주차장도 유재열 일가의 재산이다.[16]

　한국 이단 계보사의 가장 나이 어린 교주 유재열이 현재 누리는 거대한 부의 종잣돈은 사실 '사이비 종말론 비즈니스'의 성공에서 왔다고 해도 과언이 아니다.

16　김지호·구민지, "그가 이만희의 스승이다" 디스패치, 2020. 3. 23.

4. 2~3년만 참으면 '역사 완성', 한때 시한부 종말론자였던 이만희(1931~)

2018년 어느 날, 응급실행 앰뷸런스가 다급하게 신천지 증거장막성전에 도달했다. 부녀부 여성을 싣고 병원으로 급하게 이송한다. 자신들을 일컬어 새하늘새땅이라고 하는 신천지, 천년왕국이 1984년 신천지 설립으로 시작됐다는 신천지, 그래서 자신들은 죽음을 맛보지 않고 육체로 영생하며 신천지를 산다는 그들, 다른 곳도 아닌 신천지증거장막성전 안에서, 갑작스레 사람이 인맞음 시험을 치르다 중압감을 이기지 못하고 뇌졸중으로 쓰러졌다.[17]

신천지는 요한계시록 7장과 14장의 14만4천 교리를 이렇게 해석한다. 마지막 때에 약속의 목자인 이만희 교주를 믿고 따르는 사람 실제 숫자 14만 4천을 의미한다는 것이다. 이 숫자가 이 땅에서 채워지면 육체와 하늘나라의 순교자의 영 14만 4천이 있는데 그들이 합일돼 이 땅에서 천년 동안 왕노릇한다고 가르친다.

---

17 장인희, '신천지 12지파 인 맞음 확인 시험의 모순', 현대종교 http://www.hdjong-kyo.co.kr/news/view.html?section=22&category=1001&item=&no=15810 2024.8.16. 검색

2014년 12월 28일 수료식 장에서 아내에게 팔꿈치 가격을 당한 이만희 교주. 당시 이 교주는 내 연녀랑 동거생활을 했다.

여기서 왕이란, 세계 만민을 다스리는 실제적 왕이 됨을 의미한다. 이 14만 4천 명이 채워지면 신천지 세상이 되며 세계만국의 모든 사람들이 돈을 바리바리 싸들고 몰려 들어와 14만 4천 명 앞에 무릎을 꿇고 "(신천지)진리의 말씀을 가르쳐 주세요!"라고 싹싹 빌 때가 올 것이라 믿는다. 심지어 "내가 그때가 되면 롤스로이스 10대씩 끌고 다니겠다"며 세계의 돈이 다 몰려올 것이라는 망상에 빠진 환자들도 있다.[18] 그때가 되면 청담동은 내 것, 압구정동은 네 것,

18 정윤석, 『신천지 왜 종교사기인가』 (경기도: 기독교포털뉴스, 2016), 158 참고

이라며 서로 지역을 나눠서 다스리는 날을 신천지 신도들은 꿈꾸고 있다. 예를 들어 정우성이 청담동에 산다면 "내가 그곳을 다스리며 '정우성'에게 성경공부를 가르칠 거야"라고 생각하게 되는 것이다.

지금 신천지는 14만4천이 채워지면 종말이 온다는 '조건부'를 내세우지만, 한때 시한부 종말론을 주장한 바 있다. 신천지 공식 창립일인 1984년 3월 14일의 삼년 반이 되는, 1987년 9월 14일이 종말이라고 예언했던 것이다.[19] 이 날짜 산출을 어떻게 했을까?

장막성전의 끝이자, 새언약의 사자 이만희 교주가 빛으로 나타나는 시기를 이들은 1980년 9월 14일로 지정한다. 여기에 한 때 두 때 반 때, '전3년 반'을 더해 1984년 3월 14일을 진리 싸움을 해서 승리하는 날이라고 한다. 그리고 이때부터 후3년 반을 짐승이 멸망당하고 십사만사천을 인을 치는 기간, 멸망자에게 짓밟힌 이후 회복하는 기간으로 삼아서 1987년 9월 14일을 세상 종말의 때라고 예언한다. 그날에 대해 "회복의 역사가 끝이 나는 눈부시도록 찬란한

---

19 김건남, 김병희 공저, 『신탄』 (경기도: 도서출판 신천지, 1985), 279-280, 369 참고

> 1980년 9월 14일, 이 날은 근래에 일어난 새 신 일곱 머리의 조
> 직이 장막 성전에 들어와 교권(지팡이, 끈, 도장)을 몰수한 날이다.
> 이날이 멸망의 가중한 자 일곱 머리가 거룩한 곳에 서서 자기 법을 선
> 포한 날이다. 이날부터 시한을 계수하여 3년 6개월이 지나야 하며 그
> 날은 1984년 3월 14일이다. 따라서 멸망자에게 사로잡혀 짓밟히는
> 기간이 끝나는 날이다. 이것으로 전 3년 반의 역사는 지나가고 회복
>
> ---
>
> **280 제5장 멸망론**
>
> 의 역사 곧 후 3년 반이 시작한다. 회복의 역사가 끝이 나는 눈부시
> 도록 찬란한 그 날, 약속의 그날은 여호와 하나님께서 친히 사람의 장
> 막에 함께 계셔서 새 하늘 새 땅을 창조하는 대명천지의 신기원이 열
> 리는 날이다(계 21:1~5).

1980년 9월 14일을 기점으로 7년 후 대명천지의 신기원이 열린다고 예언한 신천지측 첫 책자,
「신탄」

그 날, 약속의 그날은 여호와 하나님께서 친히 사람의 장막
에 함께 계셔서 새하늘 새땅을 창조하는 대명천지의 신기
원이 열리는 날이다(계 21:1~5)"라고 설명한다.

신현욱 목사는 1987년에 시한부 종말론을 주장했다가
불발로 끝나자 당시 많은 사람이 신천지를 떠났다고 증언
한다. 또한 시한부 종말설이 문제가 돼서 신탄이라는 책을
신천지에서 만든 책이 아니라거나 교열자의 실수라며 말
을 바꾸어 신천지와 관계 없는 책인 것처럼 가르치고 있다

고 지적한다.[20]

한마디로 종말 사기를 친 것이다. 그 후로 이들은 시한부 종말을 조건부 종말로 변경하여 2~3년이면 역사가 완성된다는 말로 신도들에게 종말의 때를 지속적으로 미루며 뤄왔다. 그리고 14만 4천이란 숫자를 2015년에 넘어서자 말을 바꿔서 '복음방 교사 정도는 돼야 14만 4천에 들어갈 수 있다', 심지어 2018년엔 인맞음 시험이란 걸 쳐서 90점이 넘어야 인을 맞을 수 있다는 말로 바꿨다. 그들은 지금도 '내가 14만 4천 명 안에만 들어가면 세상의 모든 똑똑하고 돈 많은 부자들이 와서 제발 신천지의 진리를 알려달라면서 무릎 꿇고 사정할 때가 올 것이다.'는 착각에 빠져 산다.

---

20 신현욱 목사 간증, https://www.youtube.com/watch?v=PvWS9qIu-FLk&t=2539s, 2024.8.16. 검색

5. 1988, 1999, 2012, 시한부 종말론자 안상홍(1918 ~1985)과 하나님의교회

　국민일보 백상현 기자는 자신이 몸담은 언론사와 함께 2014년부터 2016년까지 매우 험난한 시기를 보냈다. 백 기자는 2014년 3~4월까지 '시한부종말론 주창…20~40대 여성이 타깃', '하나님의교회, 세상 끝난다면서 건물 신축공사', '이런 말로 접근한다면 시한부 종말론 집단'을 제목으로 한 기사를 냈다가 거액의 소송에 휘말린다. 기사 제목에서부터 하나님의교회(일명 안상홍 증인회, 이하 안증회)의 시한부 종말론을 저격했음을 알 수 있다.

　"하나님의 교회가 1988년, 1999년, 2012년 시한부 종말론을 제시하여 400개 교회, 20만 명 신도로 교세를 계속 확장시켜왔고, 이렇게 형성한 재산만 3조~4조 원 가량 된다."[21]

　"황당한 사실은 99년 당시 하나님의교회가 신도들에게 '연말에 세상이 끝난다'며 종말론을 외치고 생필품까지 준비하라고 지시했다는 점이다. 하나님의교회 피해자 A씨는 '당시 교회에

---

21 백상현, "시한부 종말론 주창… 20~40대 여성이 타깃", 국민일보 https://www.kmib.co.kr/article/view.asp?arcid=0008223036, 2024.8.16. 검색

서 2000년 1월 1일이 되면 Y2K(밀레니엄 버그)로 모든 것이 폭발하고 세계가 종말을 맞이하기 때문에 물, 군용식량, 손전 등, 라디오, 양초, 건빵 등의 물품을 서둘러 준비하라는 연락이 왔다'면서 '전 성도가 청계천과 남대문 등을 돌며 비상물품을 사들였지만 아무런 일도 일어나지 않았다'라고 밝혔다."[22]

기사에서 가장 충격적인 내용은 신도들에게 '1999년 종말'을 준비하라고 한 안증회측이 1999년 9월 1일 공사를 시작해 2000년 9월 1일 준공하는 건물 신축 계약서를 체결했다는 것이었다. 세상이 끝나는 판에 무슨 본부 건물이 필요했을까. 이 계약 건은 바꿔 말해 본부측 핵심 관계자들은 세상 종말을 믿지 않았다는 방증이라는 지적이었다.

이런 기사가 나오자 안증회측은 즉각 소송에 돌입했다. 국민일보와 백 기자를 상대로 총 6억 4천만 원의 손해배상, 정정, 반론보도를 청구했다. 3년간의 긴 싸움이 시작됐다. 이 소송전은 결국 국민일보측의 승소로 막을 내린다. 기사의 핵심적인 내용을 다투는 손해배상과 정정보도에 대해 법원은 기각 처리했고 기사 오류를 다투는 내용이 아니

---

22 백상현, 하나님의교회, 세상 끝난다면서 건물 신축공사, 국민일보 https://www.kmib.co.kr/article/view.asp?arcid=0008287036, 2024.8.16. 검색

대법원이 명예훼손, 정정보도 대상이 아니라고 판단한 국민일보 기사

- 하나님의교회가 1988년, 1999년, 2012년 시한부 종말론을 제시하여 400개 교회, 20만명 신도로 교세를 계속 확장시켜왔고, 이렇게 형성한 재산만 3조~4조원가량 된다

- 하나님의교회피해자 A씨에 의하면, 하나님의교회로부터 1999년 당시 '2000년 1월1일이 되면 Y2K(밀레니엄버그)로 모든 것이 폭발하고 세계가 종말을 맞이하기 때문에 물품을 서둘러 준비하라'는 연락이 왔고 전 성도가 청계천과 남대문 등을 돌며 비상물품을 사들였다

- 하나님의교회는 2012년에도 시한부종말론을 외쳤고 이전 88년에도 똑같은 방법으로 불안감을 자극해 교세와 재산을 급격히 불려왔다

- 하나님의교회 최고 지도부는 세상종말이 오지 않는다는 사실을 알고 있었고 단지 순진한 신도들에게 위기감을 조성해 은연중에 헌금을 강요하려 하였다

- 하나님의교회가 출입시 지문인식을 해야 할 정도로 극히 폐쇄적이며, 철저한 중앙집권적 조직을 운영하고 있어 다른 이단보다 피해가 훨씬 크다

- 하나님의교회가 시한부 종말론을 제시해 여기에 빠진 부녀자들의 가출, 이혼, 아동학대, 양육포기 현상이 빈번하게 나타난다

- 하나님의교회가 어린 자녀의 빨래가 널려있는 주택이나 정통교회의 명패가 부착된 아파트를 집중적으로 공략한다

- 하나님의교회는 정통교회 성도 중 자녀를 둔 20~40대 여성들을 집중공략 하는 종교집단이며, 포교활동을 할 때 출석 교회 교패가 붙어있는 집과 어린 자녀들의 빨래가 널려있는 집을 집중 공략한다

- 입법부는 '사이비종교규제법'이라도 만들어 신천지 하나님의교회처럼 개인의 인생을 파멸하고 가정의 행복을 깨는 사이비 종교단체를 철저하게 규제해야 한다

대법원이 명예훼손 정정보도 대상이 아니라고 판단한 국민일보 기사

라 안증회측의 입장을 밝혀주는 반론보도를 하는 방식으로 마무리가 된 것이다. 국민일보측이 승소를 한 근본적 이유는 '안증회의 시한부 종말'을 입증하는 자료들이 제출됐고 시한부 종말을 경험한 피해자측의 증언들이 있었기 때문이다. 안증회측 원 자료에 시한부 종말을 암시하거나 거론하는 자료들이 지금도 남아 있다.

"그런데 이 무화과나무의 비유는 왜 하셨으며 또 무화과나무는 무엇을 가리키고 있는가? 대게 나라마다 짐승이나 혹은 나무로 표상하기도 한다. … 한국 나라는 무궁화로 표시하듯이 이스라엘 나라는 무화과나무로 표상되어 있는 것으로 본다. 왜냐하면 무화과나무는 옛적 에덴동산에서부터 있던 나무로써 지금까지 존속해 내려온 나무 중 가장 오래된 나무이고(창 3:7) 또 이스라엘 나라도 에덴동산에서부터 아담의 계통이 이어 내려와 있음으로 무화과나무와 이스라엘 나라는 분리될 수 없는 것이다. 그런데 이 나라가 1948년에 독립하여 지금 가지가 연하여지고 잎이 무성한 시기에 놓여 있다.

… 그렇다면 1948년에 이스라엘 나라가 독립하였으니 40년이 지나면 1988년이 된다. 그때에 과연 지구의 종말이 올 것인가? 아니면 옛날의 역사와 같이 이스라엘 나라가 약간의 변

도 급 계 약 서

1. 공 사 명 : 분당 이매동 교회 신축 공사
2. 대지위치 : 경기도 성남시 분당구 이매동 45-2, 45-3, 46-1, 46-2, 81-3, 81-2
3. 공사기간 :

     착 공 : 1999 년 9 월 1 일
     준 공 : 2000 년 9 월 1 일

4. 도급금액 : 일금: 칠십 구억 삼천 백만 원정(₩ 7,931,000,000)

     공급가액 : 일금 칠십 이억 일천만 원정(₩ 7,210,000,000)
     부가세액 : 일금 칠억 이천 일백만 원정(₩ 721,000,000)

5. 선 급 : 1,189,650,000 (총계약 금액의 15%)
6. 기성부분금의 시기 및 방법 : 당월 말일 신청하여 익월 10일 이내 현금지급
7. 하자담보 책임기간 : 10년(계약시 건설산업기본법령에 의거함)
8. 하자보수 보증금율 : 3%
9. 지 체 상 금 율 : 총계약금액의 1000 원정 지체일수
10. 계약이행 보증금 : 총계약금액의
11. 선급금 지급보증금 : 선급금액의 전액

     건축주와 시공자는 이 계약서 및 별첨설계도와 시방서에 의하여 공사계약을
체결하고 그 증거로 이 계약서 및 관련문서를 2통 작성하여 각 1통씩 보관한다.

                                1999 년 8 월   일

- 건 축 주 -

     11 하나님의교회 세계복음선교협회 395-67
     하나님의교회 세계복음선교협회   교회
     대표 · 김 주 철   김 주 철
     서울특별시 동작구 신대방동 395-67

- 시 공 자 -

하나님의교회 측이 1999년 교단 본부 건물 신축을 위해 체결한 도급계약서 사본.
시오니즘 제공

2000년 9월 1일을 준공일로 한 도급계약서

동만 있고 말 것인가? 예수께서 말씀하시기를 '그 가지가 연하여지고 잎사귀를 내면 여름이 가까운 줄 아나니 이와 같이 너희도 이 모든 일을 보거든 인자가 가까이 문 앞에 이른 줄 알라' 하셨으니 분명코 그때가 끝날이 될 것이다."[23]

 안상홍 교주는 마 24장 32~33의 무화과 나무의 비유를 이스라엘의 독립을 예언한 사건으로 봤다. 여기에 40이란 숫자를 더해서 1988년이라는 종말 연도를 산출했다. 40을 왜 더했을까? 그 이유는 이스라엘 나라는 40년 만에 큰 변화가 수차에 걸쳐 생긴, 특별한 숫자라고 생각해서였다.[24] 그는 모세가 애굽에서 40년, 미디안 광야에서 40년, 이스라엘 백성과 광야에서 40년을 보냈다고 제시한다. 또한 사사시대에서 왕권 시대로 들어간 첫 임금 사울도 40년(행 13:20~21), 다윗의 재위기간 40년(삼하 5:4~5), 솔로몬이 예루살렘에서 온 이스라엘을 다스린 해도 40년(왕상 11:42)이라며 근거를 제시했다.[25]

 세상 끝날을 1988년으로 말하면서도 안상홍 교주는 묘

23 안상홍, 『신랑이 더디오므로 잘쎄』 (부산: 하나님의교회, 1980), 23.
24 위의 책, 23.
25 위의 책 18-22.

한 여운을 남긴다. 신랑이 '더디 올 수도 있다'는 것이다. 그래서 2012년을 언급하기도 한다. 안 교주는 출 40:1~17을 참고, 모세가 두 번째 십계명을 받고 다음날부터 168일 만에 준공식을 거행했다며 예수님께서 1844년 10월 22일 하늘 지성소에 두 번째 들어가신 날을 기준으로 168일을 더해 2012년이 마지막 끝날이라고도 주장한다.[26] 그들에게 1988년과 2012년이 모두 종말 날짜였던 것이다. 여기서 그치지 않는다. 1999년에도 종말이 온다고 주장했었다. 그 날짜는 도대체 어떻게 계산해냈을까.

이에 대해 현대종교 탁지원 소장은 특별한 성경적 해석에서가 아니라 사회여론과 분위기에 편승한 것이었다고 지적한다.

"하나님의교회는 '1988년 종말이 오며 지구는 흔적도 없이 사라질 것이고, 인침을 받은 144,000명 이외에 모조리 멸망한다'라고 주장했다. 이후 지속적으로 해를 바꿔가며 시한부 종말론을 신도들에게 유포했다. 이뿐만 아니라 가족들과의 마찰

---

26 위의 책, 16. 안상홍 교주는 이단 안식교에 1947년 입교, 1962년까지 활동한다. 그 영향을 받아서 1844년 10월 22일을 예수께서 하늘 성소에서 지성소로 들어간 날이라고 해석한 것이다.

로 가출하는 신도들로 인해 가족들의 탄원이 매년 제기되어왔
다. 1999년에는 Y2K 등의 사회여론과 이에 편승한 시한부 종
말론을 신도들에게 주장함으로써 하나님의교회와 피해자들의
실상이 각 언론에 보도되기도 했다. 1999년 종말이 이루어지
지 않자 2012년이 마지막 때라고 한 번 더 주장했다."[27]

코로나가 창궐했던 2022년에도 종말설을 주장했다는 비
판이 나왔다. 현대종교는 하나님의교회 탈퇴자의 주장을
인용, 2022년초 코로나가 창궐하자 종말에 대한 이야기를
계속했다며 종말을 대비해 비상식량을 준비하라는 말도 나
왔다고 보도했다. 이런 주장에 대해 안증회측은 특별한 반
론을 제기하지 않은 것으로 알려졌다.[28]

자신들의 교주는 물론 탈퇴자의 증언, 대법원 판결문을
통해서도 시한부 종말설을 주장했다는 것이 밝혀졌음에도
불구하고 안증회는 이런 비판을 제기하는 매체를 향해 소
송을 걸고 적극적으로 대응하는 모습을 보여왔다. 이때마

---

27 탁지원, [기획연재_이단·사이비 OUT!] 하나님의교회 세계복음선교협회, 온누리신문,
    2023.4.15. 기고문
28 조민기, '시한부종말론은 현재 진행형', 현대종교, http://www.hdjongkyo.co.kr/
    news/view.html?section=22&category=42290&item=&no=18854 2024.8.16
    검색

다 안증회측은 자신들은 시한부 종말을 주장한 적이 없으며 그것으로 가족을 해체하거나 파탄나게 한 바도 없다고 반박해왔다. 그러나 그들의 원자료는 물론 국민일보와의 대형 소송 사건에서도 보았듯이 그들이 한때 시한부종말을 주장했던 것은 틀림없는 사실로 보인다.

하나님의 교회 앞에서 2018년 2월 24일 시위하는 피해자 (사진: 하나님의교회 피해자모임)

그들은 현재 시한부 종말보다 장길자 교주에 대한 신앙을 더 강화하는 방향으로 변모하고 있다고도 한다. 시한부 종말을 주장하기보다 장길자 교주가 마지막 날, 진실한 신앙인들을 데리고 하늘로 올라간다며 시한부종말론에 대해서는 언급하지 않는다는 것이다. 그러나 한때라도 시한부 종말을 믿고 따랐던 신도들은 여전히 그 후유증에 시달린다고 한다. 현대종교는 피해자측의 주장을 인용, 한때 집을 팔고 재산을 바치며 헌금한 신도들, 카드론이나 현금서비스까지 받아서 헌금하라는 일부 지도자의 말을 듣고 헌금을 했다가 월세살이에 국가보조금을 받으며 생활고에 시달리는 신도들이 적지 않다고 보도했다. 그러나 현재 안증회는 빚까지 지면서 헌금하지 말라고 하는 추세라고 전했다.[29]

한편 그들이 처음 종말의 해로 못 박은 1988년에는 서울 올림픽이 열렸다. 그들은 재림의 장소를 잠실 메인스타디움으로 믿었다고 한다. 올림픽 개막을 알리는 팡파레가 울려퍼지던 순간, 국수를 드시다가 쓰러져 병원으로 이송됐다가 1985년 사망하신 그들의 교주, 안상홍이 하늘에서 재림한다는 것이었다. 올림픽의 시작을 알리는 나팔이 울려 퍼지는 날, 하늘을 우러러보던 안상홍 증인회 신도들의 눈에 보인 건 재림하는 안상홍 교주가 아니라 하늘에서 오색 연기를 뿜어내며 낙하하는 스카이 다이버들 뿐이었다.[30]

---

29 김정수, "하나님의교회 생존전략", 현대종교, http://www.hdjk.co.kr/m/content/view.html?section=22&category=1009&no=19343, 2024.08.17. 검색

30 이영호, '안상홍 증인회의 정체와 비판', http://www.kcjsm1972.or.kr/main/sub.html?Mode=view&boardID=www73&num=543&page=&keyfield=&key=&bCate= 2024.8.16. 검색. 이 사이트에 안증회 신도들이 1988년 시한부 종말을 믿고 재림의 장소를 올림픽이 열리는 잠실 메인스타디움이었다고 주장했

그때 메인 스타디움에 갔던 안증회 신도들은 지금 어디서 무얼 하고 있을까? 여전히 안상홍 교주의 재림을 기다리며 살고 있을까, 아니면 안증회측을 탈퇴하고 새로운 삶을 살고 있을까?

지금까지 거론한 단체들이 한국교회의 밖에서 사이비 종말론을 퍼뜨렸다면 다음 장에서 거론하는 사람은 한국교회 안에서 시작한 사이비 종말론이라는 점에서 가장 관심 깊게 봐야 할 대상이다.

다고 한다. 그들이 매표를 해서 입장했다는 내용에 필자의 상상을 덧붙여 보았다.

6. 이스라엘의 독립 기점으로 시한부 종말 날짜를 정한 이장림(1948~)

1992년 10월 28일 사람들이 서울 마포의 '새하늘교회'로 모였다. 모두 흰옷을 입고 있었다. 그날 자정 예수 그리스도께서 공중재림 하셔서 믿는 사람들을 일거에 하늘로 끌어올려 공중에서 주를 맞이하게 한다[31]는 것이었다. 이 땅에 남은 자들은 7년 대환난에 빠져드는데 지구가 생긴 이래 가장 처참하고 혹독한 환난의 기간이 될 것이라는 예고였다. 그래서 결사적으로 휴거되고자 하는 사람들은 1992년 10월 28일 서울 마포 등에서 모여 찬송을 하고 방언을 하고 기도를 하기 시작했다. 전국적으로 시한부 종말에 빠진 사람들은 10만여 명, 한국에만 시한부 추종교회는 70여 개소, 생업과 학업을 등진 사람만 5천여 명으로 추산됐다.

이장림의 종말 사건 직전 해인 1991년에는 걸프전이 터졌다. 노스트라다무스가 예언했다는 지구 최후의 날 1999년도 가까워지 는 해였다. 재림의 시간표가 무르익는 거 같

---

31 살전 4:16

1992년 10월 28일 예수 재림을 주장하던 한 교회의 집회 (사진: 교회와 신앙)

았다. 그러자 신도들의 행동도 과격해지기 시작한다. 학교 공부를 중단하고 재림론에 인생을 바친 학생이 재림 직전 북한의 문호가 개방되면 그곳에서 순교하겠다고 메모를 남기고 사라졌다가 부모에게 붙들렸다. 부모가 어떻게 하겠는가? 정신병원에 집어넣었다.[32] 몸이 무거우면 휴거가 되기 어렵다며 낙태를 하는 신도(마 24장 19절 그날에는 아이 밴 자들과 젖 먹이는 자들에게 화가 있으리로다)가 줄을 이었다.[33] 회사에 사표를 제출하고 교회에 기거하는 경

---

32 "인간증발 휴거 1992", SBS, 꼬리에 꼬리를 무는 그날 이야기, 2020. 10. 29.
33 "携擧 내세운 시한부 종말론 극성", 연합뉴스 1992. 8. 7. https://n.news.naver.

우도 많았다. 시한부 종말론에 빠진 것을 남편이 만류하자 불만을 품고 극약을 먹고 자살을 시도한 사람도 있었다('시한부 종말론 신자 사표제출 속출', 연합뉴스, 1992년 8월 22일자 기사). 국방부에선 당시 시한부종말론이 군부대 영내에도 침투해 휴가미복

사진설명: 1992년 10월 28일 "휴거"를 홍보하고 다니는 한 신도

귀, 현역간부 조기전역 등의 사례가 잇따르자 시한부 종말론 파급차단 계획을 마련한 바 있다('국방부도 시한부 종말론 대책 마련', 연합뉴스, 1992년 9월 15일자 기사). 한바탕 대한민국 사회는 휴거 소동으로 난리였고 1992년 10월 28일 현장 취재를 위해 미국 CNN, 일본 아사히 TV 등 국내 외 취재진이 몰린 가운데, 휴거 소동이 전세계에 생

com/mnews/article/001/0003612229?sid=103

중계 됐다.

그러나 휴거는 불발됐고 휴거설의 장본인인 이장림은 1992년 9월 25일 신도들의 재산 34억여 원을 헌납받아 가로챈 혐의로 감옥으로 휴거된다. 감옥으로 휴거된 이장림 씨는 신도들의 헌금 34억 원, 휴거 이후인 1993년 5월이 만기인 채권을 소유한 점, 외화 20만 달러에 대해 "휴거된다면서 왜 돈을 모아 놨느냐?"고 묻자 그의 답이 가관이었다. "'저는 이번 휴거(携擧) 대상자가 아니고 '환난시대'에 지상에 남아 순교해야 할 운명입니다. 그래서 활동비를 준비해 둔 것뿐입니다."[34] 재림을 기다리고, 종말을 준비하라고 해 놓고는 재산을 가로챈 이중적 행각은 일개 '이장림'으로서가 아니라 '목사' 이장림의 사기적 행각으로 남았다. 이장림은 실제 생명의말씀사에서 유능한 번역가로 활동했던 성결교단, 소위 정통교회 목사였다. 그런 그가 재림 날짜를 어떻게 산출했고 왜 정통교회 안의 그리스도인들이 그토록 무수히 많이 미혹됐을까?

간단히 설명하면 이렇다. 성경에서는 하나님께서 6일 동

---

34 김준석, '1992년 '휴거설' 이장림 목사 구속' 동아일보 2004. 9. 23

안 세상을 창조하고 7일째 안식했다. 천 년이 하루 같고 하루가 천 년같다(벧후 3:8)고 했는데 이 6일과 제 7일을 인간 세상의 1천 년으로 계산한다. 즉 아담에서 예수까지 4천 년, 예수가 지상에 재림하는 2000년까지 합하면 6천 년이 돼 서기 2000년이 되는 해는 인간역사가 끝나고 하나님의 천년왕국이 시작되는 해라는 것이 그들의 주장이다. 그 천년왕국이 시작되기 전인 1999년 땅의 역사는 끝나며 그 이전에 7년 환난이 있으므로 심판의 날, 즉 믿는 이들이 들림을 받는 해는 1992년이 된다는 얘기였다. 더불어 마 24:32-33[35]도 근거로 내세웠다. 여기서 이장림은 무화과나무는 이스라엘을 상징한다며 한 세대가 이루기 전에 이 일이 다 이루리라는 말씀(34절)으로 재림을 연결했다. 따라서 한 세대를 40년, 50년, 또는 100년, 몇 년으로 보느냐에 따라 그리스도께서 그렇게도 금지하신 재림 날짜를 해석자 마음대로 산출하는 문제를 일으킨 것이다. 이는 안상홍 증인회의 시한부 종말론을 거론할 때도 지적했던 문제다.

---

35 무화과나무의 비유를 배우라 그 가지가 연하여지고 잎사귀를 내면 여름이 가까운 줄을 아나니 이와 같이 너희도 이 모든 일을 보거든 인자가 가까이 곧 문 앞에 이른 줄 알라"(마 24:32~33).

10월 28일이라는 날짜는 "주께서 호령과 천사장의 소리와 하나님의 나팔로"(살전 4:16)라는 말씀에서 '나팔'에서 나왔다. 이스라엘의 절기 중 휴거는 나팔절에 해당한다고 판단하고 10월 28일이 소위 대나팔절 또는 늦은 나팔절에 해당한다며 정한 것이다. 이장림의 재림론을 요약하면 1948년 이스라엘 독립 - 1992년 휴거(그리스도 공중 재림) 후 7년 대환난(전삼년 반, 후 삼년 반-이스라엘의 민족적 회심, 짐승의 표 666은 바코드) - 1999년 예수 그리스도 지상 재림 후 천년왕국, 천년왕국의 마지막에 곡과 마곡의 전쟁, 백보좌 심판, 새하늘새땅이라는 연도별 공식을 만들어냈다.

시한부 종말 해프닝이 발생한 지 30여 년이 지났다. 한국교회의 종말론은 이장림이 주장했을 때보다 나아졌을까? 안타깝게도 유튜브에서 히트 치는 종말론 채널을 보면 대다수가 이장림식 시한부 종말론과 유사한 주장을 하는 곳들이다. 31년 전에 비해 종말론은 단 한 치도 앞으로 내딛지 못한 모양새다. 만일 아직도 위의 도식으로 요한계시록을 보는 분이 있다면 그것은 '머리로는 이장림의 이단적인 시한부 종말을 믿으면서' 몸은 정통교회에 담고 있는 매우 모순된 상황이라 할 수 있다.

Ⅲ. 나가는 말: 파괴와 공포의 종말론을 넘어서

전쟁, 기근, 지진, 테러 등은 예수님 시대 이후에 중단된 적이 단 한 번도 없었다. 매스컴이 발달한 현대에는 그런 재난이 더 많아지는 것처럼 느껴질 뿐이다. 그런 소식을 들을 때 사람들은 혹시나 이때가 그때가 아닌가라는 두려운 마음으로 시대를 바라본다. 그럴 때 시기를 딱딱 대입해서 연대계산을 하는 것은 엄청난 매력이 있어 보인다. 그러나 그런 시도는 결국 사기 사건으로 끝난 것을 우리는 역사 속에서 확인했다. 더불어 우리는 이 사회에서 진정으로 종말과 재림을 기다리고 열망하는 것처럼 보이는 사람들이 오히려 사기 사건을 일으키고 사회적 문제를 일으키며 하나님을 망령되이 일컫는, 즉 하나님의 특정한 날짜가 그분에게 속해 있는데도 그것을 인간의 시간으로 꿰어맞추려는 무모하고 무리한 시도를 해왔고 그들이 이단 사이비로 경계돼 왔음을 살펴봤다.

지금도 사이비 종말론에 빠져 유명한 은행을 다니다가 가산을 정리하고 아이들을 데리고 종말론에 인생을 건 신도, 한국에 전쟁이 나서 7년 대환난이 시작되니 하나님이 예비하신 천년왕국(아르헨티나, 남아공, 중앙아시아 등등 다양한 장소가 소개된다)으로 도피해서 재림을 맞이해야 한다며 남편이나 아내, 자식들을 버리고 해외로 떠난 신도들이 즐비하다. 이들을 취재해달라고 피해자들이 하소연해 오는 현실이다.

세상을 유혹한 종말 사건을 보면서 우리는 '시한부 종말이 사기'라는 것 외에 무엇을 반성해야 하고 종말론의 무엇을 바꿔가야 할지 되새기면 좋겠다.

먼저 시한부 종말론을 가능하게 했던 성경해석에서 벗어나야 한다. 가장 먼저는 다니엘서에 나오는 '한 때 두 때 반 때', 1260일, 2300주야, 70이레 등을 실제 숫자처럼 대입해서 해석하는 방법에서 벗어나야 한다. 이 시간에 관한 언급은 영원할 것처럼 보이는 제국의 권력이 영원하지 않으며 오히려 영원한 것은 하나님과 그의 나라라는 것을 보여주는 데 그 목적이 있다. 여기에 더해 그 영원한 하나님을 믿는 그 나라의 백성들은 소망을 품고 이 땅 위에서 존엄함,

존귀한 존재로 '살아가야' 할 존재라는 것을 알려주는 데 있다. 그런데 늘 시기에 집착하는 것은 바람직한 그리스도인의 태도가 아니다.

역사 속에서 '한 때 두 때 반 때'라는 시기에 집착하는 신앙은 그 기산점을 어디에 두느냐에 따라 종말 연대가 달라지고 그것은 실패와 해프닝으로 끝났다는 점을 우리는 끊임없이 확인했다. 그렇다면 이제라도 한 때 두 때 반 때에 대한 관점을 변혁시켜야 한다.

둘째, 세대주의적 해석에서 벗어나야 한다. 19세기 이후 시한부 종말론은 세대주의 해석에서 나온 경우가 많았다. 이장림식 시한부 종말론은 다음 도식을 따른다. 예수 그리스도의 공중재림 직전 성도들의 집단적 휴거가 있고 이 땅에 7년 대환난이 펼쳐지고 그 뒤에 문자적 천년왕국이 진행된다는 이론이다. 그의 성경해석에 따르면 마태복음 24장 32~34[1]에서 무화과는 이스라엘의 독립, 즉 1948년을 의미한다. 한 세대가 지나기 전에 다 이루리라는 말씀을 근

---

1 "무화과나무의 비유를 배우라 그 가지가 연하여지고 잎사귀를 내면 여름이 가까운 줄을 아나니 이와 같이 너희도 이 모든 일을 보거든 인자가 가까이 곧 문 앞에 이른 줄 알라 내가 진실로 너희에게 말하노니 이 세대가 지나가기 전에 이 일이 다 일어나리라"

거로 이스라엘 독립 연도에 한 세대를 30년, 40년, 50년으로 계산하기에 따라 종말의 시점을 예측하는 해석법이다. 이장림은 "사랑하는 자들아 주께는 하루가 천 년 같고 천 년이 하루 같은 이 한 가지를 잊지 말라"(벧후 3:8)는 말씀을 6일 천지창조에 대입했다. 그래서 7일째는 안식에 들어가야 한다며 지구창조 후 6천 년이 지났으니 7천 년째 세상은 끝이 난다는 종말론을 만들어내기도 했다. 이 모두 지구 종말 사기 시나리오에 지나지 않는다.

시한부 종말의 뿌리가 이런 왜곡된 성경해석에서 시작됐는데도 한국교회의 많은 성도들, 종말론을 조금 더 드라마틱하게 구성하고 싶은 사람들은 여전히 이 종말론을 고수 중이다. 결국 시한부 종말론은 이단으로 규정됐지만 그것을 가능하게 한 교리는 여전히 활개치고 있다는 의미이다. 이 종말론을 벗어나지 못하면 시한부 종말론은 언제고 다시 나오고 그곳에 미혹된 사람들은 종말 사기에 또 속게 돼 있다. 지금까지 시한부 종말의 역사는 속은 사람이 계속 속는 패턴을 보여왔다. 처음부터 속지 않는 게 중요하다는 의미다.

셋째, 직통계시의 유행을 경계해야 한다. 시한부 종말론이 히트를 친 가장 큰 이유 중 하나는 소위 말해 기도한다는 사람들, 신령하다는 사람들, 천국·지옥을 오가며 환상과 계시라는 것을 받는다는 사람들의 체험 때문이었다. 최초의 시한부 종말론자 몬타너스도 기성교회엔 성령이 떠나고 자신들의 단체에 진정한 성령의 역사가 있다며 예언, 환상 등 접신 현상을 보여줬던 사람이다. 이는 시한부종말론자들에게 자주 보이는 현상이다.

이런 환상과 계시를 직통계시에 거짓 예언이라며 문제 삼으면 그들은 "주님을 뜨겁게 사랑하며 천국에 소망을 두고 살아가는 기도하며 깨어 있는 수많은 종들에게 주신 예언"이라며 "구약시대와 사도시대에 계시를 주신 하나님께서 주님의 재림이 임박한 이 때에 사랑하는 신부들에게 깨어 준비하도록 계시해 주시는 것이 뭐가 잘못되었단 말입니까?"라고 반박했다. 지금 한국교회는 그 어느 때보다 '하나님의 음성 듣기', '하나님이 이렇게 내게 말씀하셨다'는 식의 워딩이 유행하고 있다. 이는 다른 말로 하면 그 어느 때보다 시한부 종말을 비롯한 비성경적 주장과 흐름이 대유행을 할 수 있는 기반이 닦아 지고 있다는 의미다. 이를 심상찮게 받아들여야 한다.

넷째, 요한계시록의 미래적 관점과 재림 중심의 해석을 '구원론'과 '교회론'으로 조금 바꿔야 한다. 이렇게 얘기하면 당장 재림을 부정하는 것이냐는 질문이 나올 것 같다. 그런 의미가 아니다. 반드시 예수 그리스도는 역사의 마지막에 산자와 죽은 자를 심판하러 오신다. 그걸 부정하는 게 아니라 계시록 해석의 관점과 무게추를 조금만 다양화하자는 것이다.

　시한부 종말 등 한국교회에 물의를 일으킨 종말론의 문제가 모두 요한계시록을 미래적 관점으로, 예수 그리스도의 재림에만 초점을 맞춰서 불거진 만큼 조금이라도 다른 관점에서 접근해서 계시록 해석의 폭을 넓혀야 한다는 의미이다. 미래적 접근보다는 과거적, 상징적, 초월적 접근으로, 재림 중심이 아니라 교회론, 구원론 중심으로 해석의 폭을 열어놓을 것을 제안한다.

　요한계시록의 결론을 딱 한 문장으로 적어보자. 일곱 머리 열뿔 달린 용·짐승·사탄의 세력을 만왕의 왕이신 어린양 예수 그리스도와 그를 따르는 백성들이 이기고 승리한다, 이것이 가장 핵심적인 주제라 필자는 생각한다. 요한계시록의 1장부터 22장까지를 아무리 읽고 또 읽어도 재림보다 더 강조되고 있는 것, 더 많이 등장하는 주제는 곧 참된 왕이신 그리스도의 최종적인 승리이다. 짐승의 표가 무엇인지, 대환난이 언제 일어나고 언제 끝나는지, 아마겟 돈 전쟁은 어디서 발생하는지, 그리스도께서 어떻게 언제 어디로 재림하시는지는 사실 요한계시록의 핵심에서 벗어 난 주제이다.

그런데도 한국교회 성도들은 무엇보다 강조해야 할 복음 과 구원 안에서 이루는 그리스도와 성도의 승리, 곧 교회의 승리와 그리스도의 영광됨보다 유독 마귀·사탄·음녀·짐승 의 표666, 아마겟돈 전쟁 등에 집착하는 문제를 보여왔다. 그 관점을 벗어나지 않는 한 유사 시한부 종말론은 끊임없 이 기승을 부릴 것이고 쉽게 그 거짓에 속게 된다.

시한부 종말 해프닝은 역사의 뒤안길로 사라졌지만 이름 과 간판을 바꿔 달은 종말 사기꾼들에게 지속적으로 성도 들이 미혹되는 이유를 우리는 치밀하게 분석해야 한다. 아 마도 필자는 기회가 주어진다면 이장림의 시한부 종말 사 건 이후에 등장한 '유사 시한부 종말론자들의 연대기'를 써 볼 계획이다. 필자가 마지막까지 싸워야 할 사이비들이라 생각해서이다.

역사를 통해 배우지 못한 그리스도인들은 동일한 문제와 시련을 맞게 된다. 시한부 종말의 실패 후 그것을 가능하게 한 해석을 철저히 분석하고 치열한 반성을 하지 않는 한 인터넷망이 어느 나라보다 발달한 대한민국 사회에는 또다른 유형의 시한부 종말론자들과 그에 경도된 신도들의 종말 포비아가 판을 치게 될 게 뻔하다.

2020년에 불어닥친 코로나, 끊이지 않는 원숭이 두창, 폐렴 등 역병의 공포, 경제적 위기라는 한파와 우크라이나와 러시아의 전쟁, 이스라엘과 중동 지역 전쟁으로 두려움과 공포가 다시 대한민국을 강타하고 있다. 그 어느 때보다 제 2차, 제 3차 시한부 종말론이 유행할 조짐을 보이는 때라 할 수 있다.

스피노자가 한 말로 알려진 "내일 지구가 멸망하더라도 오늘 한 그루 사과나무를 심겠다"라는 격언은 실제로는 종교개혁자 마르틴 루터의 비문에 있다고 한다. 교회에 다닌다는 교인들이 '재림'이란 글자만 나오면 그리스도인이 갖추고 해야 할 가장 기본적인 자세와 본분을 망각하고 사회 혼란을 부추기고 혹세무민하는 사이비 세력으로 변모한 부끄러운 역사를 잊지 않았으면 좋겠다. 그리스도의 재림이 가까워 올수록 종교개혁가 마르틴 루터의 비문에 쓴 것처럼 우리는 우리가 해야 할 본분을 하나님 앞에서 다 해나가야 한다. 오늘 내가 심어야 할 '사과나무'는 과연 무엇일까?

참고자료

1. 단행본

김건남·김병희 공저. 『신탄』. 경기도: 도서출판 신천지, 1985.

김주원. 『요나의 전도』. 경기도: 기독교포털뉴스, 2024.

라이온사 편. 『교회사핸드북』. 송광택 역. 서울: 생명의말씀사, 1997.

안상홍. 『신랑이 더디오므로 잘세』. 부산: 하나님의교회, 1980.

양형주·정윤석. 『내가 신이다』. 경기도: 기독교포털뉴스, 2023.

유재열. 『영원한 생명』. 미출판자료.

임소미. 『요즘 어른을 위한 최소한의 세계사』. 서울: 빅피시, 2023.

이장식. 『한국교회의 어제와 오늘』. 서울: 대한기독교출판사, 1990.

이형기. 『역사 속의 종말론』. 서울: 대한기독교서회, 2004.

임경근. 『109편의 스토리를 따라 세계교회사 걷기』. 서울: 두란노, 2019.

주경철. 『크리스토퍼 콜럼버스』. 서울: 서울대학교출판문화원,

2013.

정윤석. 『신천지 왜 종교사기인가』. 경기도: 기독교포털뉴스, 2016.

진용식. 『안식교의 오류』. 경기도: 도서출판 복음사역, 1988.

_____. 『여호와의 증인 상담법』. 서울: 비전북, 2020.

탁명환. 『한국의 신흥종교: 기독교편 3권』. 서울: 국종출판사, 1979.

_____. 『기독교이단연구』, 서울: 국종출판사, 1986.

탁지일. 『사료 한국의 신흥종교』. 서울: 현대종교, 2009.

한에녹. 『영원한 복음』. 서울: 영원한복음출판위원회, 1945.

Bernstein, William. 『군중의 망상』. 노윤기 역. 서울: 포레스트, 2023.

Browne, Sylvia. 『종말론』. 노혜숙 역. 경기도: 위즈덤하우스, 2010.

Cohn, Norman Rufus Colin. 『천년왕국운동사』. 김승환 역. 서울: 한국신학연구소, 1993.

Hummel, Daniel G. 『세대주의의 부상과 침몰』. 소현수역. 서울: 부흥과개혁사, 2023.

Lapham, Lewis Henr. 『종말의 역사』. 정기문외 역. 서울: 청어람, 1999.

Wand, John William Charles. 『교회사』. 이장식 역. 서울: 대한기독교서회, 1960.

Weber, Eugen. 『세계사에 나타난 종말의 역사』. 김희정 역. 서울: 도서출판 예문, 1999.

2. 학술자료

김영한. "서양의 종말론적 예언과 현실정치".『한국사론』36호. 경기도: 국사편찬위원회, 2002.

명형진. "구원역사와 종말이해: 피오레의 요아킴 사상을 중심으로".『가톨릭신학』35호. 대구: 가톨릭신학학회, 2019.

장재명. "몬타누스주의와 테르툴리아누스주의".『신학전망』205호(2019). 광주가톨릭대학교신학연구소, 2019.

정홍열. "요아킴의 성령론적 종말론 연구".『한국조직신학논총』제43집. 충남: 한국조직신학회, 2015.

3. 신문 및 온라인 자료

강석기. "미·일 매독 환자 급증" 한겨레신문 https://www.hani.co.kr/arti/opinion/column/1128168.html, 2024.4.1. 검색.

김명도. "세대주의의 기원과 문제점" 기독교포털뉴스, 2013.11.8. 기사.

김정수. "하나님의교회 생존전략" 현대종교, http://www.hdjk.co.kr/m/content/view.html?section=22&category=1009&no=19343 2024.08.17. 검색.

김지호·구민지. "그가 이만희의 스승이다" 디스패치 https://www.dispatch.co.kr/2070977 2023년 12월 12일 검색.

김장진. "종교개혁자들의 사색적 종말론과 다른 칼빈의 종말
　　　론" https://kirs.kr/data/theology/reformw025.pdf
　　　2023년 12월 11일 검색.
나무위키, "플리머스 형제단" https://namu.wiki/w/
　　　%ED%94%8C%EB%A6%AC%
　　　EB%A8%B8%EC%8A%A4%20
　　　%ED%98%95%EC%A0%9C%EC%9A%B4%EB%8F%99
　　　2024.7.4. 검색
나무위키. "키빌레" https://namu.wiki/
　　　w/%ED%82%A4%EB%B2%A8%EB%A0%88, 2023.
　　　12. 27 검색
네이버카페. "실패한 예언들의 집대성" https://blog.naver.
　　　com/jogaewon/220303239483, 2024.8.22.일 검색.
『동아일보』 1975. 4. 3.
백상현. "시한부 종말론 주창… 20~40대 여성이 타깃" 국민일
　　　보 https://www.kmib.co.kr/article/view.asp?ar-
　　　cid=0008223036, 2024.8.16. 검색.

신현욱. "전 신천지 교육장 간증" https://www.youtube.
　　　com/watch?v=PvWS9qIuFLk&t=2539s 2024.8.16.
　　　검색
이상규. "극심한 사회적 빈곤 속 '신비적 이단 은사'에 몰입"
　　　https://www.igoodnews.net/news/articleView.
　　　html?idxno=70246 2023년 12월 11일 검색.

유튜브. "벌거벗은세계사" https://www.youtube.com/
    watch?v=7aEPrO_0k7U&t=3160s 2024.4.1. 검색

유튜브. "토크멘터리 전쟁사, 49부 스페인, 잉카 정복 전쟁"
    https://www.youtube.com/watch?v=vdOIt9SJa94
    2024.4.22. 검색.

이영호. '안상홍 증인회의 정체와 비판' http://www.kc-
    jsm1972.or.kr/main/sub.html?Mode=view&boar-
    dID=www73&num=543&page=&key-
    field=&key=&bCate= 2024.8.16. 검색.

"인간증발 휴거 1992" https://www.youtube.com/
    watch?v=cj-_0Fc2A5U 2023년 12월 12일 검색.

임웅기. [소논문]세대주의 종말론이 이단 발생에 미친 영향. 기
    독교포털뉴스. 2014년 1월 27일 기사.

장인희. "신천지 12지파 인 맞음 확인 시험의 모순" 현대종교
    http://www.hdjongkyo.co.kr/news/view.html?-
    section=22&category=1001&item=&no=15810
    2024.8.16. 검색.

정윤석. "이단에 짓밟힌 가정 어디서 되찾나" https://www.
    kportalnews.co.kr/news/articleView.html?idx-
    no=4108 2023년 12월 11일 검색.

 . "신천지의 실상, 장막성전의 실체는 영적 사기극" https://
    www.kportalnews.co.kr/news/articleView.htm-
    l?idxno=13892 2023년 12월 11일 검색.

"자칭 남방여왕" 조선일보. 1935.5.12.

조민기. "시한부종말론은 현재 진행형" 현대종교, http://www.
hdjongkyo.co.kr/news/view.html?section=22&cat-
egory=42290&item=&no=18854 2024.8.16 검색

최중현, "예수의 재림을 '제1차 재림', '제2차 재림'으로 언급
한 한진교" http://www.breaknews.com/505791,
2024.8.5. 검색.

탁지원. "[기획연재_이단·사이비 OUT!] 하나님의교회 세계복음
선교협회" 온누리신문. 2023.4.15. 기고문.

Miller, William. "Midnight Cry" https://en.wikipedia.
org/wiki/Great_Disappointment 2023년 12월 11
일 검색.

"携擧 내세운 시한부 종말론 극성" 연합뉴스
https://n.news.naver.com/mnews/arti-
cle/001/0003612229?sid=103 2023년 12월 12일 검
색.

Wikipedia. "Great Disappointment" https://en.wikipe-
dia.org/wiki/Great_Disappointment 2023년 10월 1
일 검색.

기독교포털뉴스를 후원하는 교회(단체)와 성도님들께 마음을 다해 감사드립니다. 기독교포털뉴스는 지속적으로 이단대응 자료를 발간해 한국 교회를 섬기겠습니다. 새로운 모습으로 또 인사드리겠습니다.

교회 및 단체 후원

꿈의교회(김학중 목사) 늘푸른침례교회(김효현 목사)
대천중앙감리교회(박세영 목사) 사자교회(하다니엘 목사)
산성교회(김병길 목사) 상록교회(진용식 목사) 생수교회(장병우 목사)
새로남교회(오정호 목사) 새은혜교회(황형택 목사)
순복음원당교회(고경환 목사) 예향교회(박종만 목사)
아현감리교회(김형래 목사) 원천침례교회(이계원 대표목사)
원천섬기는교회(방수현 목사) 은성교회(박진수 목사)
은혜와진리교회(조용목 목사) 이음교회(권남궤 목사)
인천산돌교회(박성원 목사) 인천성산교회(고광종 목사)
임마누엘교회(김정국 목사) 제자들교회(유진관 목사)
초대교회(신현욱 목사) 한소망교회(류영모 목사) 현대종교(탁지원 대표)

개인 후원

김미남 김목화 김병숙 김영만 김은정 김정순 김현준 김혜영 김　활
노선화 박길순 박다슬 백종화 서승진 성종환 성현순 송호준 유연철
윤성욱 이동걸 이미화 이병효 이영규 이인경 이정은 이종윤 이정혜
장의춘 정금실 정은석 정재호 천한필 최재호 최운환 최종환 탁명애
한강수

기독교포털뉴스를 CMS 자동이체로 후원하실 분들은 QR코드로 신청해 주시면 됩니다.

QR코드로 간편하게 동의하세요!